# Inhaltsverzeichnis

◆ **Ich bin ich**
Das bin ich 3
Nachdenken über mich 4-5
Tagebuch über Schönes aus unserem Klassenleben 6
Jedes Kind kann was 7

◆ **Alle haben Wünsche**
Alle haben Wünsche 8
Der Wunschring 9-11

◆ **Sich freuen – Angst – traurig sein**
Was ist Freude? 12
Janine feiert Weihnachten 13-14
Bildworte 15
Niki im Schwimmbad 16
Niki und das Dreimeterbrett 17-18
Der tapfere Heiner 19-20
Jeder hat Angst 21

◆ **Freunde und Freundinnen**
Freunde und Freundinnen sind wichtig 22
Ich mag dich so 23
Freundschaftsspiele zum Ausprobieren 24
Gunnar spinnt 25
Warum Freundschaften manchmal auseinandergehen 26

◆ **Miteinander leben**
Swimmy 27-29
Gemeinsam ist besser als einsam 30
Mannis Sandalen 31-32

◆ **Streiten – sich vertragen**
Zwei Esel 33
Ilo und Otto 34
Ilo bringt Glück 35
Du hast angefangen … 36
Meinungen über Streit 37
Drachenschwanzjagen 38

◆ **Einander helfen**
Erste Geschichte vom Helfen 39
Zweite Geschichte vom Helfen 40
In der Schule helfen 41

◆ **Jung und Alt in der Familie**
Mein Tageslauf 42
Streit ums Fernsehen 43
Alte Menschen unter uns 44
Mein Opa ist tot 45-46

◆ **Feste feiern**
Feste feiern 47
Feste haben unterschiedliche Ursprünge 48
Die Weihnachtsgeschichte des Lukas 49
Wie das Ei zum Osterei wurde 50
Feste im Jahreslauf 51
Bayram – ein Fest zum Ende von Ramadan 52

◆ **Umwelt nutzen – Umwelt schützen**
Die Natur braucht uns nicht, aber wir brauchen die Natur 53
Natur sehen und empfinden 54
Der Wind 55
Wasser ist schön 56
Wasser bedeutet Leben 57
Eine heutige Arche 58
Hilfe für einen Hund 59
Gegen den Vogeltod an Fensterscheiben 60
Tierschutz 61
Bäume leben 62
Jana wird Baumpatin 63

Sing ein Lied 64

Ethik • Grundschule
Arbeitsheft für das 3./4. Schuljahr

von Wolfgang Pschichholz, Günther Pidd und Ingrid Prote
unter Beratung von Ingeborg Dachmann, Förtha, und Ute Kliem, Genthin

Redaktion: Barbara Schmid-Heidenhain
Layout und technische Umsetzung: Saskia Klemm
Illustrationen: Maria Wissmann
Umschlagfoto: Jürgen Junker-Rösch

Textquellen

S. 7 Hennig, J. Paul, Jeder kann was (Text und Musik). S. 9 Volkmann-Leander, Richard von, Der Wunschring. Aus: Träumereien an französischen Kaminen. Breitkopf und Härtel, Leipzig 1918. S. 12 Was ist Freude? (Kinderausspruch) Aus: Jella Lepman, Kinder sehen unsere Welt. © Dr. Ruth Liepman, Zürich. S. 13 Wollenberger, Werner, Janine feiert Weihnachten (leicht gekürzt). Aus: G. Mielitz (Hrsg.), Sei uns willkommen, schöner Stern. E. Kaufmann, Lahr 1984. S. 17 Korschunow, Irina, Niki und das Dreimeterbrett. © Irina Korschunow. S. 19 Thomas, Katrin, Der tapfere Heiner (leicht gekürzt). Aus: D. Steinwede/S. Ruprecht (Hrsg.), Vorlesebuch Religion, Bd. 2. E. Kaufmann, Lahr 1987. S. 21 Hartenstein, Markus, Jeder hat Angst. Aus: D. Steinwede/S. Ruprecht (Hrsg.), Vorlesebuch Religion, Bd. 2. A.a.O. S. 22 Bydlinski, Georg, Wann Freunde wichtig sind (gekürzt). Aus: Der Mond heißt heute Michel. Kindergedichte. Herder, Wien/Freiburg 1981. S. 23 Krenzer, Rolf (Text)/Vahrenkamp, Walter (Musik), Ich mag dich so. Aus: Regenbogen bunt und schön. Kaufmann/Kösel, Lahr. S. 24 Vogt, Christa, Freundschaftsspiele (leicht geändert). Aus: Mücke, Heft 10/1990. Universum Verlagsanstalt, Wiesbaden 1989. S. 25 Korschunow, Irina, Gunnar spinnt. Aus: Leselöwen Feriengeschichten. Loewes, Bayreuth 1987. S. 27 Lionni, Leo, Swimmy (gekürzt) (Text und Illustration). Middelhauve, Köln 1990. S. 31 Wölfel, Ursula, Mannis Sandalen. Aus: Die grauen und die grünen Felder. Neithard Anrich, Mülheim 1970. S. 35 Pschichholz, Wolfgang, Ilo bringt Glück. Aus: M. Kwiran/D. Röller (Hrsg.), Glauben und Leben. 5./6. Schuljahr. Schroedel, Hannover 1989. S. 38 Drachenschwanzjagen. Nach: A. Fluegelman/S. Tembeck, New Games – die neuen Spiele, Ahorn, Soyen o.J. S. 39 Ziegler, Renate, Erste Geschichte vom Helfen. Aus: K.H. Bartels u.a. (Hrsg.), Werkbuch Biblische Geschichten, Bd. 3. Vandenhoeck & Ruprecht, Göttingen 1975. S. 40 Ziegler, Renate, Zweite Geschichte vom Helfen (gekürzt). Aus: K.H. Bartels u.a., Werkbuch Biblische Geschichten, Bd. 3. A.a.O. S. 43 Bachér, Ingrid, Laut. Aus: Das war doch immer so. Merkbuch für Mädchen und Jungen. Beltz (Programm Beltz & Gelberg), Weinheim/Basel 1976. S. 45 Donnelly, Elfie, Mein Opa ist tot (Titel geändert, gekürzt). Aus: Servus Opa, sagte ich leise. © Deutscher Taschenbuch Verlag, München 1984. S. 50 Fährmann, Willi, Wie das Ei zum Osterei wurde. Aus: Hans Gärtner (Hrsg.), Jetzt fängt das schöne Frühjahr an. GTB Siebenstern. Gütersloher Verlagshaus, Gütersloh 1988. S. 52 Bayram – ein Fest zum Ende von Ramadan. Nach: Udo Kelch, Das Beiramfest. Aus: D. Steinwede/S. Ruprecht (Hrsg.), Vorlesebuch Religion, Bd. 2. A.a.O. S. 54 Müller, Else, Natur sehen und empfinden (Titel geändert). Aus: Du spürst unter deinen Füßen das Gras. Fischer Verlag, Frankfurt/M. 1983. S. 55 Guggenmos, Josef, Der Wind. Aus: Immerwährender Kinderkalender. Österreichischer Bundesverlag, Wien 1958. S. 56 Scholz, Gerold, Rätsel. Aus: G. de Haan, Ökologie-Handbuch Grundschule. Beltz, Weinheim/Basel 1989. S. 59 Ruck-Pauquèt, Gina, Hilfe für einen Hund (Titel geändert), Aus: Liselott Musil (Hrsg.), Komm und lach doch wieder! Habbel, Regensburg 1981. S. 61 Tierschutzgesetz §§ 1, 2 (leicht bearbeitet u. gekürzt). Aus: Unser Recht. C.H. Beck'sche Verlagsbuchhandlung, München 1985. S. 62 Braem, Harald, Ich schenke dir diesen Baum. Aus: H.-J. Gelberg (Hrsg.), Augenaufmachen. 7. Jahrbuch der Kinderliteratur. Beltz (Programm Beltz & Gelberg), Weinheim/Basel 1984. Tolstoi, Leo, Apfelbäumchen. Aus: P. Guttenhofer (Hrsg.), Schau in die Welt. Lesebuch der freien Waldorfschulen für das 2. und 3. Schuljahr. Verlag Freies Geistesleben, Stuttgart 1989. S. 64 Hepke, Hans-Joachim, Sing ein Lied (Musik und Text). Edition Jürgen Binder, Brombach.

Bildquellen

S. 30 Silvestris, Kastl/Obb. l. oben u. unten (Benno Wurch); Peter Wirtz, Dormagen l. Mitte; Michael Seifert, Hannover r. oben u. Mitte; IFA-Bilderteam, München/Düsseldorf (Niessner) r. unten; S. 38 Cornelsen (Jürgen Junker-Rösch, Berlin); S. 44 Michael Seifert, Hannover l. oben; IFA-Bilderteam, München/Düsseldorf r. oben (Forkel); l. unten (Prenzel); r. unten (Oertel); S. 49 Hans Memling, Szenen aus dem Leben Mariä 1480 München, Alte Pinakothek (Verlag am Eschbach); S. 52 Cornelsen, Berlin; S. 53 IFA-Bilderteam, München/Düsseldorf l. oben (Kopetzky), l. unten (Hasenkopf) r. unten (Carson); Bavaria-Verlag, Gauting r. oben; S. 54 Silvestris, Kastl/Obb. (Pelka); S. 57 Vereinigte Evangelische Mission, Wuppertal (Andreas Sprinz); S. 58 Stadtverwaltung Borkum (Horst Haitzinger); S. 6, 18, 20, 22, 25, 34, 41, 43, 47 (Schriftzeilen) Katharina Wolff, Berlin.

1. Auflage 1994
Alle Drucke dieser Auflage können, weil unverändert, im Unterricht nebeneinander verwendet werden.

© 1994 Cornelsen Verlag, Berlin
Das Werk und seine Teile sind urheberrechtlich geschützt. Jede Verwertung in anderen als den gesetzlich zugelassenen Fällen bedarf deshalb der vorherigen schriftlichen Einwilligung des Verlages.

Druck: Cornelsen Druck, Berlin

ISBN 3-464-14003-2

Bestellnummer 140032

◆ Ich bin ich ◆

Das bin ich

Ich heiße _____ *und bin* _____ *Jahre alt.*

Ich wohne in _____ ,

und meine Telefonnummer ist: ☎ _____ .

1 Male dich mit deinem Lieblingsspielzeug **oder** mit deinem Lieblingskuscheltier **oder** mit deiner besten Freundin/deinem besten Freund in den Bilderrahmen. Du kannst auch ein entsprechendes Foto von dir einkleben.

[Bilderrahmen]

2 Betrachte deinen Körper. Wie sieht er aus?
Was magst du an ihm? _____

3 Denke nach und schreibe auf:
Wann warst du mal wütend? _____

Worüber bist du manchmal traurig? _____

Was macht dir Freude? _____

Welche Wünsche und Träume hast du? _____

_____

4 Was kannst du besonders gut? _____

_____

◆ Ich bin ich ◆

Nachdenken über mich

Schreibe oder male zu den Abschnitten deines Lebens.

1 Frage deine Eltern:
Wie warst du als Baby?
Du konntest bestimmt gut
schreien, aber sprechen …?
Und Zähne hattest du auch
noch nicht.

Als ich ein Baby war

2 Erinnere dich:
Was konntest du, und wie
warst du?

Als ich in die erste Klasse kam

◆ **Ich bin ich** ◆

3 Was kannst du heute, und wie bist du heute?

Jetzt gehe ich in die ___ Klasse

4 Was möchtest du später können, und wie möchtest du sein?

 *Wenn ich erst erwachsen bin*

◆ Ich bin ich ◆

Tagebuch über Schönes aus unserem Klassenleben

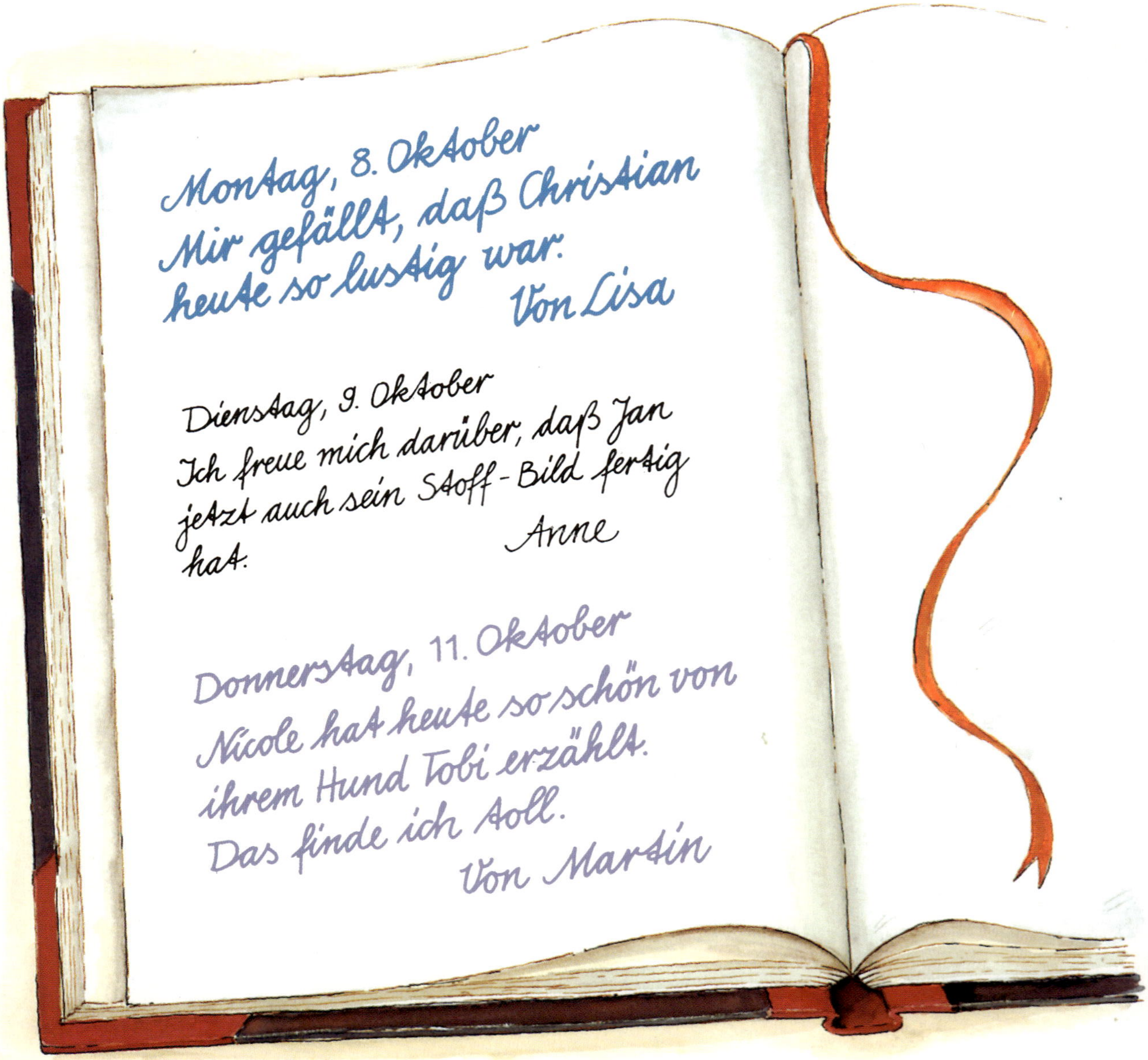

Montag, 8. Oktober
Mir gefällt, daß Christian heute so lustig war.
Von Lisa

Dienstag, 9. Oktober
Ich freue mich darüber, daß Jan jetzt auch sein Stoff-Bild fertig hat.
Anne

Donnerstag, 11. Oktober
Nicole hat heute so schön von ihrem Hund Tobi erzählt. Das finde ich toll.
Von Martin

1. Wenn ihr auch ein Klassen-Tagebuch führen wollt:
   - Das Tagebuch liegt offen in der Klasse aus.
   - Wer etwas an einem anderen Kind bemerkt, was ihm gefällt oder worüber er/sie sich auch freut, schreibt das ins Tagebuch.
   - Jeden Freitag in der letzten Stunde liest ein Kind die Einträge der Woche vor.
2. Ein Spiel für zwischendurch: **Ich mag an dir**
   Alle Kinder sitzen im Stuhlkreis. Ein Kind steht in der Mitte. Es wirft einem Kind einen Ball zu. Dieses Kind fragt: „Was mögt ihr an mir?" Es darf ein, zwei oder drei Kinder aufrufen, die sich gemeldet haben. Danach geht der Ball wieder in die Mitte zurück.
   Jetzt beginnt das Spiel wieder von vorn.

◆ Ich bin ich ◆

Jedes Kind kann was

Refrain: Jeder kann was,
was nicht jeder kann!
3 – 2 – 1!
Trau dich einfach ran!
Denn jeder kann was,
was nicht jeder kann!
3 – 2 – 1!
Trau dich einfach ran!

1. Strophe: Wer wackelt mit den Ohren wie Simone?
Wer pfeift auf den Fingern so wie Achmed?
Wer kann schon so leise schrein wie Jan?
Wer hält die Luft so lang an wie Susann?

2. Strophe: Wer kommt mit der Zunge an die Nase?
Wer weiß, was „Hallo" auf Türkisch heißt?
Wer kann neue Wörter selbst erfinden?
Wer ist schon mal ohne Eltern verreist?

Musik und Text: J. Paul Hennig

■ Erfindet selber noch so viele Strophen dazu, daß alle Kinder eurer Klasse vorkommen.
Nehmt die erste Strophe als Muster. Ihr braucht bloß eure Vornamen einzusetzen
und aufzuschreiben, was jeder und jede von euch Besonderes kann.
So entsteht ein tolles Klassenlied.
Vielleicht fällt euch auch noch was zu eurer Lehrerin/eurem Lehrer ein.

Erste Klassenstrophe:

_____

_____

_____

_____

Alle haben Wünsche

Ich wünsche mir ein neues Auto.

... einen Hund.

Ich hätte gern einen eigenen Fernsehapparat.

Ich will Flugzeugpilotin werden.

Ich möchte immer meine Arbeit behalten.

..., daß meine Eltern gesund bleiben.

■ Trage in die Denkblasen ein:
Was könnten sich diese Menschen wünschen?

◆ Alle haben Wünsche ◆

Der Wunschring

Ist das möglich?
Ein Ring, der ein Wunschring
sein sollte und keiner war
und doch so viel Glück gebracht hat.

Ein junger Bauer, mit dem es in der Wirtschaft nicht recht vorwärtsgehen wollte, saß auf seinem Pfluge und ruhte einen Augenblick aus, um sich den Schweiß vom Angesichte zu wischen. Da kam eine alte Hexe vorbeigeschlichen und rief ihm zu: „Was plagst du dich und bringst's doch zu nichts? Geh zwei Tage lang geradeaus, bis du an eine große Tanne kommst, die frei im Walde steht und alle andern Bäume überragt. Wenn du sie umschlägst, ist dein Glück gemacht."

Der Bauer ließ sich das nicht zweimal sagen, nahm sein Beil und machte sich auf den Weg. Nach zwei Tagen fand er die Tanne. Er ging sofort daran, sie zu fällen, und in dem Augenblicke, wo sie umstürzte und mit Gewalt auf den Boden schlug, fiel aus ihrem höchsten Wipfel ein Nest mit zwei Eiern heraus. Die Eier rollten auf den Boden und zerbrachen, und wie sie zerbrachen, kam aus dem einen Ei ein junger Adler heraus, und aus dem andern fiel ein kleiner goldener Ring.

Der Adler wuchs zusehends, bis er wohl halbe Manneshöhe hatte, schüttelte seine Flügel, als wollte er sie probieren, erhob sich etwas über die Erde und rief dann:

„Du hast mich erlöst! Nimm zum Dank den Ring, der in dem andern Ei gewesen ist! Es ist ein Wunschring. Wenn du ihn am Finger umdrehst und dabei einen Wunsch aussprichst, wird er alsbald in Erfüllung gehen. Aber es ist nur ein einziger Wunsch im Ring. Ist der getan, so hat der Ring alle weitere Kraft verloren und ist nur wie ein gewöhnlicher Ring. Darum überlege dir wohl, was du dir wünschst, auf daß es dich nicht nachher gereue."

Der Bauer nahm den Ring, steckte ihn an den Finger und begab sich auf den Heimweg. Als es Abend war, langte er in einer Stadt an; da stand der Goldschmied im Laden und hatte viel köstliche Ringe feil. Da zeigte ihm der Bauer seinen Ring und fragte ihn, was er wohl wert wäre. „Einen Pappenstiel!" versetzte der Goldschmied.

Da lachte der Bauer laut auf und erzählte ihm, daß es ein Wunschring sei und mehr wert als alle Ringe zusammen, die jener feilhielte. Doch der Goldschmied war ein falscher, ränkevoller Mann. Er lud den Bauern ein, über Nacht bei ihm zu bleiben, und sagte: „Einen Mann wie dich, mit solchem Kleinode, zu beherbergen, bringt Glück; bleibe bei mir!" Er bewirtete ihn aufs schönste mit Wein und glatten Worten, und als der Bauer nachts schlief, zog er ihm unbemerkt den Ring vom Finger und steckte ihm statt dessen einen ganz gleichen, gewöhnlichen Ring an.

Am nächsten Morgen konnte es der Goldschmied kaum erwarten, daß der Bauer aufbräche. Er weckte ihn schon in der frühesten Morgenstunde und sprach: „Du hast noch einen weiten Weg vor dir. Es ist besser, wenn du dich früh aufmachst."

Sobald der Bauer fort war, ging er eiligst in seine Stube, schloß die Läden, damit niemand etwas sähe, riegelte dann auch noch die Türe hinter sich zu, stellte sich mitten in die Stube, drehte

◆ Alle haben Wünsche ◆

den Ring um und rief: „Ich will gleich hunderttausend Taler haben."
Kaum hatte er dies ausgesprochen, so fing es an, Taler zu regnen. Die Taler schlugen ihm auf Kopf, Schultern und Arme. Er fing an, kläglich zu schreien, und wollte zur Türe springen, doch ehe er sie erreichen und aufriegeln konnte,

stürzte er, am ganzen Leibe blutend, zu Boden. Aber das Talerregnen nahm kein Ende, und bald brach von der Last die Diele zusammen, und der Goldschmied mitsamt dem Gelde stürzte in den tiefen Keller. Darauf regnete es immer weiter, bis die Hunderttausend voll waren, und zuletzt lag der Goldschmied tot im Keller und auf ihm das viele Geld.
Unterdes ging der Bauer vergnügt nach Hause und zeigte seiner Frau den Ring. „Nun kann es uns gar nicht fehlen, liebe Frau", sagte er. „Unser Glück ist gemacht. Wir wollen uns recht überlegen, was wir uns wünschen wollen."
Doch die Frau wußte gleich guten Rat. „Was meinst du", sagte sie, „wenn wir uns noch etwas Acker wünschten? Wir haben gar so wenig. Da reicht so ein Zwickel gerade zwischen unsre Äcker hinein; den wollen wir uns wünschen."
„Das wäre der Mühe wert", erwiderte der Mann. „Wenn wir ein Jahr lang tüchtig arbeiten und etwas Glück haben, können wir ihn uns vielleicht kaufen." Darauf arbeiteten Mann und Frau ein Jahr lang mit aller Anstrengung, und bei der Ernte hatte es noch nie so geschüttet wie dieses Mal, so daß sie sich den Zwickel kaufen konnten und noch ein Stück Geld übrigblieb. „Siehst du!" sagte der Mann, „wir haben den Zwickel, und der Wunsch ist immer noch frei."

Da meinte die Frau, es wäre wohl gut, wenn sie sich noch eine Kuh wünschten und ein Pferd dazu. „Frau", entgegnete abermals der Mann, indem er mit dem übriggebliebenen Gelde in der Hosentasche klapperte, „was wollen wir wegen solch einer Lumperei unsern Wunsch vergeben. Die Kuh und das Pferd kriegen wir auch so."
Und richtig, nach abermals einem Jahre waren die Kuh und das Pferd reichlich verdient. Da rieb sich der Mann vergnügt die Hände und sagte: „Wieder ein Jahr den Wunsch gespart und doch alles bekommen, was man sich wünschte. Was wir für ein Glück haben."
Doch die Frau redete ihrem Manne ernsthaft zu, endlich einmal an den Wunsch zu gehen.
„Ich kenne dich gar nicht wieder", versetzte sie ärgerlich. „Früher hast du immer geklagt und gebarmt und dir alles mögliche gewünscht, und jetzt, wo du's haben kannst, wie du's willst, plagst und schindest du dich, bist mit allem zufrieden und läßt die schönsten Jahre vergehen."

■ Wie lange wird der Bauer den Wunsch noch sparen können?
Was meint ihr?

„Laß doch dein ewiges Drängen und Treiben", erwiderte der Bauer. „Wir sind beide noch jung, und das Leben ist lang. Ein Wunsch ist nur in dem Ringe, und der ist bald vertan. Wer weiß, was uns noch einmal zustößt, wo wir den Ring brauchen. Fehlt es uns denn an etwas? Sind wir nicht, seit wir den Ring haben, schon so heraufgekommen, daß sich alle Welt wundert? Also sei verständig. Du kannst dir ja mittlerweile immer überlegen, was wir uns wünschen könnten."

Damit hatte die Sache vorläufig ein Ende. Und es war wirklich, als wenn mit dem Ringe der volle Segen ins Haus gekommen wäre, denn Scheuern und Kammern wurden von Jahr zu Jahr voller und voller. Nach einer längern Reihe von Jahren war aus dem kleinen, armen Bauern ein großer, dicker Bauer geworden, der den Tag über mit den Knechten schaffte und arbeitete, als wollte er die ganze Welt verdienen, nach der Vesper aber behäbig und zufrieden vor der Haustüre saß und sich von den Leuten guten Abend wünschen ließ.

So verging Jahr um Jahr. Dann und wann, wenn sie ganz allein waren und niemand es hörte, erinnerte zwar die Frau ihren Mann immer noch an den Ring und machte ihm allerhand Vorschläge.

Da er aber jedesmal erwiderte, es habe noch vollauf Zeit, und das Beste falle einem stets zuletzt ein, so tat sie es immer seltener, und zuletzt kam es kaum noch vor, daß auch nur von dem Ringe gesprochen wurde. Zwar der Bauer selbst drehte den Ring täglich wohl zwanzigmal am Finger um und besah sich ihn, aber er hütete sich, einen Wunsch dabei auszusprechen.

Und dreißig und vierzig Jahre vergingen, und der Bauer und seine Frau waren alt und schneeweiß geworden, der Wunsch aber war immer noch nicht getan. Da erwies ihnen Gott eine Gnade und ließ sie beide in einer Nacht selig sterben.

Kinder und Kindeskinder standen um ihre beiden Särge und weinten, und als eins von ihnen den Ring abziehen und aufheben wollte, sagte der älteste Sohn:

„Laßt den Vater seinen Ring mit ins Grab nehmen. Er hat sein Lebtag seine Heimlichkeit mit ihm gehabt. Es ist wohl ein liebes Andenken. Und die Mutter besah sich den Ring auch so oft; am Ende hat sie ihn dem Vater in ihren jungen Jahren geschenkt."

Richard von Volkmann-Leander

Ich wünsche mir ein Fahrrad.

Ich wünsche mir ein eigenes Kinderzimmer.

Ich möchte immer gesund bleiben.

Ich möchte gern Schauspieler werden.

Braucht man dazu einen Wunschring?

Ich wünsche mir eine glückliche Familie.

◆ Sich freuen – Angst – traurig sein ◆

Was ist Freude?

Was ist Freude?

Freude ist Glück.
Freude ist ein winziges Baby.
Freude ist, wenn Vater heimkommt.
Freude ist, im Wasser spielen und schwimmen.
Freude ist, viel Schokolade essen.
Freude ist Hochzeit machen.
Freude ist, wenn der Krieg aus ist.

Teresa, 8 Jahre

■ Was fällt euch zum Stichwort *Freude* ein?
Schreibt es auf und malt ein Bild.

_____
_____
_____
_____
_____

◆ Sich freuen – Angst – traurig sein ◆

Janine feiert Weihnachten

Wann ist Weihnachten?
Man sagt am 24. Dezember, am 25. vielleicht. Das habe ich auch immer geglaubt, bis jene Geschichte passierte, die ich jetzt erzählen möchte. Seither bin ich nicht mehr so sicher.
Die Geschichte nahm ihren Anfang im Sommer des Jahres 1958 in einem kleinen Juradorf. Das Juradorf war wirklich sehr klein – ein paar Häuser, ein Bäcker, zwei, drei Wirtschaften, eine kleine Schule, eine Kirche und ein paar Familien über die Hänge verstreut.
Eine dieser Familien bestand aus einem jungen Ehepaar und einem achtjährigen Mädchen, nennen wir es Janine.
Janine war ein fröhliches Mädchen, aber in diesem Sommer begann es zu kränkeln. Es wurde apathisch, es war immer müde, es nahm nicht mehr an den Spielen seiner Gefährtinnen teil; es begann Kopfweh zu haben, es wollte morgens nicht mehr aufstehen; es war krank. Zuerst schien die Sache nicht sehr besorgniserregend; aber, nachdem Janine immer mehr zu klagen begann, ging die Mutter zum Arzt des nächsten größeren Dorfes. Der Arzt untersuchte sie und kam der Krankheit nicht auf die Spur.
So fuhr die Mutter denn eines Tages im September nach Basel und ließ Janine von einem berühmten Professor an der Universitätsklinik untersuchen. Der Bescheid, den Janines Mutter bekam, war erschreckend. Janine hatte Leukämie, eine Blutkrankheit, gegen die es auch heute noch kein Mittel gibt und die binnen kurzer Zeit zum sicheren Tode führt. Der Professor gab Janine höchstens noch zwei Monate zu leben. Die Mutter war verzweifelt. Sie beschwor den berühmten Arzt, sie bat ihn, sie fragte, was sie tun könne, und dem Arzt blieb nichts übrig, als ihr zu sagen, das einzige, was sie für Janine noch unternehmen könne, sei, ihr die letzten Wochen ihres Lebens so schön wie immer möglich zu machen.
Janines Eltern waren nicht reich, aber es ging ihnen nicht schlecht, und sie beschlossen, für Janine zu tun, was immer nur zu tun sei: mit ihr zu reisen, ihr die Schweiz zu zeigen, die Welt zu zeigen; sie mit Geschenken zu überschütten.
Aber Janine wollte von all dem nichts wissen. Sie wollte nicht reisen, sie wollte keine Geschenke haben. Sie hatte nur einen einzigen Wunsch, und das war: Weihnachten zu feiern. Sie wollte Weihnachten haben, und zwar wunderschöne Weihnachten, wie sie sich ausdrückte, Weihnachten mit allem, was Weihnachten zu Weihnachten macht. Das war der einzige Wunsch, der Janine nicht zu erfüllen war.
Dezember rückte näher, der Vater wurde immer verzweifelter, und in seiner Verzweiflung vertraute er sich einem Freund, nämlich dem Lehrer des Dorfes, an. Zusammen kamen die Männer auf eine Idee.

■ Überlegt gemeinsam: Welche Idee hatten die beiden Männer?
Schreibe es in die Denkblasen.

◆ Sich freuen – Angst – traurig sein ◆

Der Vater ging nach Hause, mit gespielter Begeisterung erzählte er Janine, daß Weihnachten ausnahmsweise in diesem Jahr früher stattfinden werde, und zwar bereits am 2. Dezember. Janine war ein gescheites Kind und glaubte die Geschichte zunächst nicht; das heißt, sie hätte sie gerne geglaubt, aber sie konnte das gar nicht fassen. Nun, der Vater sagte, mit Ostern sei es ja auch so, und genauso sei es nun eben einmal mit Weihnachten.

Die Idee schien dem Vater sehr gut; er hatte nur etwas dabei vergessen: Weihnachten ist ein Fest, das man nicht alleine feiern kann.

Zu Weihnachten gehören die Weihnachtsvorbereitungen, das Packen der Paketchen, der Geschenke. Zu Weihnachten gehört als Vorbereitung, daß in den Geschäften die Geschenke ausgestellt sind, daß die Christbäume auf dem Dorfplatz aufgerichtet werden. Zu Weihnachten gehört die ganze Zeit vor Weihnachten, und zu Weihnachten gehört vor allem, daß alle es feiern.

Der Nächste im Dorf, der ins Vertrauen gezogen wurde, war der Bäcker. Und der Bäcker beschloß, seine Lebkuchenherzen dieses Jahr schon früher zu backen. Er beschloß auch, sein berühmtes Schokoladenschiff, das er jedes Jahr ausstellte, dieses Jahr schon früher ins Fenster zu stellen und aus den Schloten des Schiffes die Watte dampfen zu lassen. Und nun begannen die anderen Geschäftsleute des Dorfes, die sich zunächst gesträubt hatten – denn Weihnachten ist für Geschäftsleute nicht nur ein Fest, sondern eben auch ein Geschäft –, die Leute, die sich zunächst gesträubt hatten, begannen auch, ihre Weihnachtsvorbereitungen zu treffen.

Der Plan setzte sich immer fester in den Köpfen der Leute des kleinen Juradorfes. In der Schule wurde gebastelt; im Kindergarten wurde gebastelt; den Kindern wurde eingeschärft, daß Weihnachten dieses Jahr früher sei als in anderen Jahren, und es wurde überall gemalt, gebacken.

Die Hausfrauen machten mit; die Väter gingen auf den Dachboden, holten die Lokomotiven und die Eisenbähnchen und begannen, sie neu zu bemalen oder auszubessern; die Puppen wurden in die Puppenklinik gebracht. In dem kleinen Dorf setzten schon Mitte November ganz große Weihnachtsvorbereitungen ein. Der letzte Widerstand, der zu überwinden war, war der des Pfarrers: Er setzte Weihnachten für den 2. Dezember fest.

Der 2. Dezember kam, und es wurde ein wundervolles Weihnachten für Janine, ein Weihnachtsfest wie in anderen Jahren. Die Sternsinger kamen, verteilten ihre Lebkuchen, ihre Nüsse, ihre Birnen.

Es war ein wundervolles Weihnachtsfest, und zwei Tage später starb Janine.

Am 24. Dezember 1958 wurde in diesem kleinen Juradorf nicht mehr Weihnachten gefeiert.

Werner Wollenberger

■ Besprecht in der Klasse: Sind die beiden Aussagen richtig?
- Anderen Freude zu bereiten, heißt auch, sich selbst Freude zu bereiten.
- Weihnachten muß nicht am 24. Dezember gefeiert werden, wenn wir dadurch anderen eine Freude bereiten können.

◆ Sich freuen – Angst – traurig sein ◆

BILDWORTE

Das wird gesagt	Das ist gemeint
 Ihm rutschte das Herz in die Hose.	Er hatte sich erschrocken. Er hatte Angst.
 Er schüttete ihm sein Herz aus.	Sie staunten sehr.
 Er half ihm auf die Sprünge.	Er vertraute ihm seinen Kummer an.
 Sie staunten Bauklötze.	Die Jungen machen es den Alten nach.
 Wie die Alten sungen, so zwitschern auch die Jungen.	Er half ihm, es selber zu tun.

1. Ordne das Gemeinte den Bildworten zu. Ziehe Verbindungsstriche.
2. Welche anderen Bildworte kennt ihr?
3. **Ein Ratespiel:**
   Erzähle eine kleine Geschichte, die zu einem Bildwort paßt.
   Du darfst dieses Bildwort aber nicht verraten. Die anderen Kinder
   in der Klasse sollen es herausfinden.

◆ Sich freuen – Angst – traurig sein ◆

Niki im Schwimmbad

■ Was ist hier wohl passiert?
Erzählt.

Wie die Geschichte angefangen hat und wie sie weitergeht,
erfahrt ihr auf den nächsten Seiten.

◆ Sich freuen – Angst – traurig sein ◆

Niki und das Dreimeterbrett

Seitdem Niki schwimmen gelernt hatte, ging er oft mit den anderen Kindern in die Badeanstalt. Sie lag ganz in der Nähe und war das Schönste vom ganzen Sommer. Niki schwamm wie ein Fisch. Er tauchte, schlug Purzelbäume, planschte und prustete. Am liebsten wäre er den ganzen Nachmittag im Wasser geblieben. Nur vor einem fürchtete er sich: vor dem Sprungturm. Und deshalb bekam er einen gewaltigen Schreck, als der große Bernd sagte: „Los, heute springen wir alle vom Dreimeterbrett."

Niki wollte schnell einen Haken schlagen und verschwinden. Aber Bernd rief: „Du auch, Niki! Oder bist du etwa feige?"

Und weil Niki das nicht zugeben wollte, kletterte er mit klopfendem Herzen die Leiter hinauf, bis er oben stand und tief unten das dunkle Wasser sah.

„Nein", dachte er, „ich tu's nicht. Ich warte, bis die anderen gesprungen sind, dann klettere ich wieder hinunter."

Doch da sagte der große Bernd: „Niki soll als erster springen, damit wir sehen, daß er keine Angst hat. Los, Niki!"

Er wollte ihn nach vorn aufs Brett schieben, auf das schmale Brett hoch über dem Wasser. Und das war zuviel.

■ Findest du Gesichter zu der Geschichte?
Zeichne sie an die passenden Stellen neben den Text (wie im Beispiel oben).

Gesichter für diese Seite:

Gesichter für die nächste Seite:

17

◆ Sich freuen – Angst – traurig sein ◆

„Ich hab' Angst!" schrie Niki. „Ich will 'runter!" Er riß sich los und lief zur Leiter. „Feigling!" lachten die anderen hinter ihm her. „Niki ist ein Feigling!"
Darüber ärgerte er sich so sehr, daß er nach Hause ging.
Dort saß der Großvater auf dem Balkon.
„Na, Niki, Spaß gehabt beim Baden?" fragte er.
„Hm", druckste Niki, „hm, ja, nein." Und weil man dem Großvater sowieso nichts vormachen konnte, erzählte er ihm die ganze Geschichte. Der Großvater hörte zu und nickte.
„Soll ich dir mal etwas verraten, Niki? Das Dreimeterbrett ist gar nicht hoch. Es kommt dir bloß so vor, weil du Angst hast. Und Angst hast du nur, weil du noch nie hinuntergesprungen bist. Paß auf, wir versuchen es einmal zusammen. Ich springe zuerst …"
„Du?" rief Niki. „Glaub' ich nicht."
„Jawohl, ich", sagte der Großvater. „Ich hab' nämlich keine Angst, weil ich weiß, daß es nicht hoch ist. Also, willst du?"
„Hm", machte Niki mißtrauisch. Aber am Abend, als alle anderen Kinder längst zu Hause waren, ging er mit dem Großvater noch einmal in die Badeanstalt. Zusammen kletterten sie auf das Dreimeterbrett, und nachdem der Großvater gesprungen war, kniff Niki die Augen zu und sprang hinterher. Hilfe! wollte er schreien, aber dann – kaum zu glauben, dann war es gar nicht schlimm. Beim zweiten Mal kam ihm das Brett längst nicht mehr so hoch vor, und nach dem vierten Sprung hatte Niki seine Angst endgültig verloren.

Wie die Alten sungen, so zwitschern auch die Jungen.

Als der große Bernd am nächsten Tag grinsend sagte: „Spring mal vom Dreimeterbrett, du Feigling!", da kletterte Niki seelenruhig hinauf. Es machte platsch, und bevor Bernd seinen Mund zugeklappt hatte, schwamm Niki schon unten im Wasser.

Irina Korschunow

■ Lies noch einmal die Bildworte auf Seite 15.
Suche Bildworte heraus, die zu den Personen in der Geschichte passen.
Schreibe sie direkt neben die Textstelle in der rechten Spalte (wie im Beispiel oben).

Der tapfere Heiner

Endlich, endlich hatte Heiner es durchgesetzt, daß er allein zur Schule gehen durfte.
„Ich zu klein?!" hatte Heiner gerufen. „Na hör mal, Mutti! Ich bin sechs Jahre alt!"
Da hatte die Mutti nachgegeben. Heiner hatte ihr nur fest versprechen müssen, niemals über die Straße zu gehen.
Heiner machte sich also stolz allein auf den Schulweg. Er reckte seine Stupsnase in die Luft und fühlte sich sehr großartig bis – ja, bis zu Wendlands Gartentür. Erst da fiel ihm der große, schwarze Hund ein, vor dem er sich schon immer ein bißchen gefürchtet hatte. Aber als die Mutti dabeigewesen war, hatte ihm ja nichts passieren können.

Der große, schwarze Hund hatte zwar jedesmal mißtrauisch geschaut; aber er hatte kein einziges Wau gebellt – als die Mutti dabei war!
Aber wie würde das nun, wenn Heiner ganz allein an ihm vorbeiginge? Heiner stand ein paar Meter von der Wendlandschen Gartentür entfernt, und seine Stupsnase war nicht mehr so hoch in die Luft gereckt. Zu gern wäre er auf die andere Straßenseite gegangen; denn Autos, nicht wahr, Autos beißen ja nicht! Aber die Mutti hatte es streng verboten. Was tun?
Heiner holte tief Luft und rannte los. Nur so schnell wie möglich vorbei! Kaum war er vor der gefährlichen Tür, da stürzte der große, schwarze Hund auch schon mit wütendem Gebell heran. Es klang, als hätte er die größte Lust, den kleinen Heiner noch vor der Schule zum Frühstück zu verspeisen.
Zum Glück war das Tor so hoch, daß der Hund nicht darüberspringen konnte. Als Heiner vorbei war, mußte er stehenbleiben, um Luft zu schnappen. So, fürs erste war die Gefahr vorbei. Aber wie würde das nun heute mittag? Von seinen Klassenkameraden ging keiner hier entlang.

Nun, am Mittag war es leider genauso wie am Morgen: Heiner holte Luft und rannte los, und der große schwarze Hund stürzte ans Gartentor und bellte, knurrte und fletschte die Zähne, daß es ein Grauen war. Und leider, leider, bestand gar keine Hoffnung, daß es morgen früh und morgen mittag anders sein würde!
Nun hätte Heiner ja die Mutti bitten können, daß sie ihn wieder wie vorher täglich zur Schule begleitete. Aber das vertrug sich gar nicht mit Heiners Stolz. Der Vati würde lächeln, und die große Schwester würde ihn auslachen.
„Heiner Angsthase!" würden sie sagen.
Er hatte ja auch Angst, und wie! Aber muß das denn jeder wissen, wenn man Angst hat?
Heiner fand: nein. Und so rannte er am nächsten Tag wieder mit Herzklopfen an dem wütend bellenden, gefährlichen, schwarzen Hund vorbei. Eines Tages sagte die Mutti:
„Heiner, du könntest eigentlich die kleine Christiane von Körners morgens immer mitnehmen. Sie hat ja den gleichen Weg zu ihrem Kindergarten. Ihre Mutti ist krank, und allein mag Christiane nicht gehen. Sie fürchtet sich so vor Wendlands Hund."
„So, tut sie das?" fragte Heiner nur.
„Ja, sieh mal, die Christiane ist ja auch noch klein und ein Mädchen dazu", meinte die Mutti. „Wenn sie aber mit dir geht, hat sie keine Angst."
„Das will ich hoffen!" sagte Heiner.
Am nächsten Morgen stand die kleine Christiane an der Haustür und wartete auf Heiner.
„Fein, daß du mit mir gehst", sagte sie, während sie ihre kleine Hand in Heiners Hand schob.
„Wenn du dabei bist, habe ich keine Angst. Du beschützt mich doch, nicht?"
„Klar", sagte Heiner.
Und dann kam Wendlands Garten in Sicht.

◆ Sich freuen – Angst – traurig sein ◆

„Du gehst ja auf einmal so langsam, Heiner?" meinte Christiane.
„Unsinn", sagte Heiner und ging ein bißchen schneller.
„Warum hältst du meine Hand so fest?" erkundigte Christiane sich jetzt. „Hast du auch Angst vor Wendlands bissigem Hund?"
„Ich?!" Heiner lachte laut. „Überhaupt nicht, du Dummerchen. Ich habe dich bloß so festgehalten, weil ich dachte, du hättest vielleicht Angst."
Christianes schwarze Kirschenaugen strahlten zu ihm auf.
„Wenn du dabei bist, überhaupt nicht!"
„Das will ich hoffen", sagte Heiner. „Sag mal, du kannst doch rennen, nicht?"
„Rennen? Warum denn, Heiner? Meinst du, wir sollen an dem Hund vorbeirennen?"
„Wieso? Der Hund hat damit gar nichts zu tun. Ich dachte, wir rennen eben ein bißchen."
Christiane verzog den Mund.
„Warum denn? Oh jetzt weiß ich – du hast doch Angst, Heiner!"
„Ach was! Ich dachte nur, du hättest Angst, und da wollte ich dir den Gefallen tun und schnell vorbeirennen – damit du keine Angst hast."
„Das sagst du jetzt bloß so! Du hast doch Angst. Und dann – dann habe ich auch Angst!"
Christiane sah ihn bedenklich an.

„Ich werde dir beweisen, daß ich keine Angst habe!" sagte Heiner.
„Faß mich an, und dann gehen wir ganz langsam vorbei!"
Vielleicht würde der große, schwarze Hund doch über das Tor springen und sie alle beide fürchterlich beißen.
Aber das war Heiner nun auch schon egal. Lieber ließ er sich beißen, als daß so ein kleines Mädchen ihn für feige hielt!
„Du brauchst gar nicht zu zittern!" sagte er, als er Christiane fest an der Hand packte und ganz langsam, Schritt für Schritt, an das Gartentor und den gefährlichen Hund heranging.
„Ich?" fragte Christiane. „Ach nein, ich dachte gerade, das wärst du, der so zittert mit der Hand."
„Bei dir piept's wohl?" sagte Heiner und ging mit zusammengebissenen Zähnen weiter.
Gleich – dachte er, gleich.
Aber es passierte gar nichts, überhaupt nichts. Der große, schwarze Hund stand still hinter dem Gitter und betrachtete fast freundlich die beiden Kinder, die da langsam Hand in Hand an ihm vorbeigingen. Und auf einmal begriff Heiner, daß der Hund bisher immer nur gebellt und getobt hatte, weil er, Heiner, so wild vorbeigerannt war!

Katrin Thomas

■ Was meint ihr?
Kleine Kinder haben Angst, und ältere …?

◆ Sich freuen – Angst – traurig sein ◆

Jeder hat Angst

Es ist Nacht. Ich habe Angst. Ich habe geträumt: Da kommt ein großer Sturm! Ich kann den Wind hören. Ich sehe die weißen Wellen. Sie kommen auf mich zu. Sie sind so hoch wie ein Haus. Ich sitze in einem Boot. Die Wellen sind viel größer. Sie kommen in mein Boot.

Der Wind schüttelt mein Boot. Ich kann mich nicht mehr festhalten. Die Wellen sind stärker. Der Wind ist stärker.

Ich habe große Angst. Da bin ich aufgewacht. Es ist Nacht. Ich rufe nach meinem Vater. Er schläft. Ich komme aus meinem Bett. Ich gehe zu ihm hin. Ich wecke meinen Vater auf. Ich erzähle ihm den Traum und daß ich Angst habe. Er legt seinen Arm um mich. Ich bin ganz nahe bei ihm.

Er sagt: „Es ist gut, daß du gekommen bist. Jetzt können wir miteinander sprechen. Du kannst mir alles erzählen. Dann ist die Angst nicht mehr so schlimm."

Er sagt: „Jeder hat Angst. Nicht nur im Traum. Ich habe auch Angst."

Ich frage meinen Vater: „Was machst du, wenn du Angst hast?"

Er sagt: „Ich spreche darüber mit einem Freund. Der lacht nicht. Der hat mich gern. Der versteht mich."

Ich frage meinen Vater: „Ist die Angst dann weg?" Er sagt: „Nein. Die Angst ist nie ganz weg. Aber sie ist nicht mehr so schlimm. Wer einen Freund hat, der ist gut dran. Der ist nicht allein. Der kann sagen: „Hilf mir, ich habe Angst."

Ich frage meinen Vater: „Und wer keinen Freund hat? Was macht der?" Er sagt: „Der ist mit seiner Angst allein. Das ist schwer. Der kann mit niemand darüber sprechen. Jeder braucht einen Menschen, der ihn gern mag, der ihn liebhat, der ihm hilft, der mit ihm spricht, der ihm eine Freude macht."

Mein Vater sagt: „Jetzt schlaf wieder ein. Du brauchst keine Angst mehr zu haben."

Markus Hartenstein

■ Wie ist das bei dir?

Wenn ich Angst habe,
- *laufe ich weg.*
- *schreie, rufe ich um Hilfe.*
- *werde ich ganz ruhig.*
- *verstecke ich mich.*
- *schlage ich zu.*
- *höre ich Musik.*
- *weine ich.*
- *fange ich an zu singen und zu pfeifen.*
- *sehe ich fern.*
- *rede ich mit jemandem darüber, den ich mag.*

- _____
- _____
- _____

◆ Freunde und Freundinnen ◆

Freunde und Freundinnen sind wichtig

Wann Freunde wichtig sind

Freunde sind wichtig
zum Sandburgenbauen,
Freunde sind wichtig,
wenn andre dich hauen.

Freunde sind wichtig
zum Schneckenhaussuchen,
Freunde sind wichtig
zum Essen von Kuchen.

Vormittags, abends,
im Freien, im Zimmer …
Wann Freunde wichtig sind?
Eigentlich immer!

Georg Bydlinski

Freunde sind wichtig
_____

Freunde sind wichtig
_____

Freunde sind wichtig
_____

1 Lies das Gedicht und erfinde weitere Strophen.

> Meine Freundin weiß noch besser als ich über Dinos Bescheid.

> Mit meinem Freund habe ich viele Geheimnisse. Es ist immer lustig mit ihm.

2 Schreibe auf, was dir an deiner Freundin oder deinem Freund am besten gefällt.

Mein Freund: Meine Freundin:

_____   _____

_____   _____

_____   _____

◆ Freunde und Freundinnen ◆

Ich mag dich so

1.–5. Ich mag dich so, ich mag dich so, ich mag dich so gut lei-den. 1. Ich
win-ke dir von wei-tem zu. Wie wär's denn mit uns bei-den? Ich bei-den?

2. Ich stell mich einfach neben dich.
   Wie wär's denn mit uns beiden?

3. Ich geb dir einfach meine Hand.
   Wie wär's denn mit uns beiden?

4. Ich lege meinen Arm um dich.
   Wie wär's denn mit uns beiden?

5. Ich tanze rundherum mit dir.
   Wie wär's denn mit uns beiden?

Text: Rolf Krenzer
Musik: Walter Vahrenkamp

So könnt ihr dazu tanzen:

Ihr steht im Kreis und singt.
Ein Kind geht in dem Kreis herum.
Wenn die zweite Strophe beginnt,
bleibt es vor einem Jungen oder
Mädchen stehen und bewegt sich
nach dem Text der Strophen.
In der fünften Strophe tanzen die beiden.
Dann beginnt das Lied von vorn.
Dabei bleiben die ersten beiden Kinder im Kreis.
Das geht solange, bis zum Schluß alle tanzen.

◆ Freunde und Freundinnen ◆

Freundschaftsspiele zum Ausprobieren

Die ersten drei Spiele sind Partnerspiele. Die beiden letzten Spiele machen am meisten Spaß, wenn sie mit der ganzen Klasse gespielt werden.

1 Du bist mein Spiegelbild
Stellt euch zu zweit gegenüber auf. Ein Kind bewegt sich wie vor einem Spiegel. Das andere ist sein Spielgelbild. Es muß die Bewegungen möglichst genau mitmachen. Nach ein paar Minuten wird gewechselt.

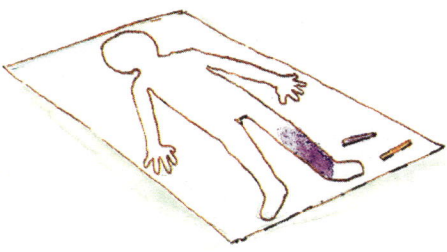

2 Ich male dich
Für dieses Spiel braucht ihr große Papierbogen. Bildet Paare. Zeichnet euch gegenseitig. Erst den Umriß aufs Papier zeichnen, dann möglichst genau ausmalen. Erkennt ihr alle wieder?

3 Ich zeige dir den Weg
Legt eine Strecke mit Hindernissen fest. Bildet Paare. Einem Kind werden die Augen verbunden. Das andere führt mit der Hand. Es hilft dabei (ohne Worte!), daß kein Hindernis berührt wird.

4 Ich kann dich fühlen
Für dieses Spiel braucht ihr 6 Bettbezüge. Ein Kind geht aus dem Raum. Alle Kinder wechseln schnell die Plätze, und 6 Kinder aus der Klasse verstecken sich jeweils unter einem Bettbezug. Man darf nichts mehr von ihnen sehen, auch nicht die Schuhe. Das Kind kommt wieder herein und muß jetzt fühlen, wer unter dem Bettbezug steckt. Achtung: Nicht sprechen oder quietschen, sonst erkennt man euch zu schnell. Kitzeln gilt nicht! Dann verstecken sich die nächsten 6 Kinder.

5 Ich male auf deinem Rücken
Alle Kinder sitzen hintereinander in einem Kreis auf dem Boden, und zwar so, daß sie jeweils den Rücken eines anderen Kindes gut berühren können. Ein Kind wird ausgewählt. Es malt dem Kind, was vor ihm sitzt, einen Buchstaben oder einen einfachen Gegenstand (Sonne, Blume …) auf den Rücken. Dieses Kind malt das, was es erkannt hat, seinem Vordermann/seiner Vorderfrau auf den Rücken. Das letzte Kind sagt, was gemalt wurde. Dann kommt das nächste Kind mit Malen dran.

Christa Vogt

Gunnar spinnt

Ich heiße Lars. In den Ferien war ich mit Gunnar an der See. Gunnar ist mein Freund. Wir sind in derselben Klasse und machen alles zusammen. Deshalb bin ich auch mit ihm an die See gefahren. Und dort hätten wir uns beinahe für immer verkracht.

Gleich am ersten Tag ging es los. Gunnars Eltern hatten ein Ferienhaus gemietet. Gunnar kannte es schon von früher, und als wir in unser Zimmer kamen, sagte er: „Das obere Bett ist meins. Da habe ich sonst auch geschlafen."

Das ärgerte mich ein bißchen. Er hätte wenigstens fragen können, ob es mir paßt.

Nach dem Essen gingen wir an den Strand. Ich hatte mich so aufs Baden gefreut. Aber Gunnar wollte zuerst mit der Burg anfangen: „Das habe ich immer so gemacht", sagte er. „Los! Komm!" Wir schaufelten eine Weile. Dann brauchten wir Wasser zum Begießen, und ich lief zweimal ans Meer mit dem Eimer.

„Du kannst auch mal Wasser holen", sagte ich schließlich. Gunnar schüttelte den Kopf. „Ich muß an meiner Burg arbeiten. Weil ich am besten weiß, wie man das macht."

Meine Burg! Ich dachte, ich höre nicht richtig. Meine Mutter hatte mir gesagt, ich sollte mir Mühe geben und nett sein. Aber jetzt langte es mir. Am liebsten wäre ich nach Hause gefahren. Der Gunnar war immer in Ordnung gewesen. Und plötzlich fing er an zu spinnen. Als ob die ganze See ihm gehörte.

Abends bekamen wir dann einen Riesenkrach. Gunnars Eltern waren weggegangen, und wir saßen vor dem Fernseher. Doch wir guckten nicht, wir zankten uns nur. Ich wollte den Krimi sehen, Gunnar die Show.

Wir stritten und brüllten uns an, und auf einmal schrie er: „Du hast überhaupt nichts zu bestimmen! Das ist unser Haus! Und unser Fernseher!"

Da hatte ich genug. „Morgen fahre ich wieder weg", habe ich gesagt. „Wenn alles dir gehört und nur du zu bestimmen hast, dann bleibe ich nicht hier."

Ich habe meine Sachen zusammengepackt und mich ins Bett gelegt. Aber schlafen konnte ich nicht. Immerzu mußte ich daran denken, wie gut wir uns verstanden hatten. Und nun war es aus.

Nach einer Weile kam Gunnar. Er kletterte in sein Bett und deckte sich zu. Dann flüsterte er: „Du, Lars!" Der soll mich in Ruhe lassen, dachte ich.

1. Immer zwei Kinder zusammen stellen sich vor, wie es zwischen Gunnar und Lars weitergeht.
   Spielt eure verschiedenen Schlüsse der Geschichte in der Klasse vor.
2. Welches Ende gefällt euch am besten?

◆ Freunde und Freundinnen ◆

Und das ist der Schluß der Geschichte von Gunnar und Lars:
„Mann, Lars", sagte Gunnar. „Ich meine das doch nicht so. Natürlich hast du genausoviel zu bestimmen wie ich. Ist doch klar." „Ich denke, alles hier ist deins", sagte ich. „Fang doch nicht wieder an", sagte Gunnar. „War ja gesponnen. Ehrlich. Und fahr bloß nicht weg. Ist doch Mist ohne dich. Okay?" Da habe ich auch okay gesagt und meinen Kram wieder ausgepackt.
Es sind ganz tolle Ferien geworden. Und ich bin froh, daß Gunnar noch mein Freund ist.

Irina Korschunow

Warum Freundschaften manchmal auseinandergehen

Christian:
Der Frank war seit der 1. Klasse mein bester Freund. In der vorigen Woche hat er mich einfach verkloppt, weil ich ihm mein neues Rennauto nicht leihen wollte. Aber er hat mir auch keins von seinen Tierbildern abgegeben. Jetzt habe ich keinen Freund mehr.

Mein Vorschlag: _____

_____

_____

Andrea:
Petra ist ganz gemein. Seit Montag spielt sie in der großen Pause immer mit Melanie. Ich kann die Melanie überhaupt nicht leiden. Mit der spiele ich nicht. Und Petra gucke ich auch nicht mehr an.

Mein Vorschlag: _____

_____

_____

Andrea und Christian sind traurig, weil sie ihre besten Freunde verloren haben.

1. Sprecht in der Klasse über die Freundschaften.
2. Was können Andrea und Christian tun, damit die Freundschaft trotzdem erhalten bleibt. Schreibe deine Vorschläge unter die Texte oben.

◆ Miteinander leben ◆

Swimmy

Irgendwo in einer Ecke des Meeres lebte einmal ein Schwarm kleiner, aber glücklicher Fische. Sie waren alle rot. Nur einer von ihnen war schwarz. Schwarz wie die Schale der Miesmuschel. Aber nicht nur in der Farbe unterschied er sich von seinen Schwestern und Brüdern: Er schwamm auch schneller.
Sein Name war Swimmy.

Eines schlimmen Tages kam ein Thunfisch in diese Ecke des Meeres gebraust, ein schneller, grimmiger, überaus hungriger Bursche. Der verschlang alle kleinen roten Fische mit einem einzigen Maulaufreißen. Nur ein Fisch entkam ihm. Das war Swimmy.
Erschrocken, traurig und einsam wedelte der kleine Swimmy hinaus ins große, große Meer. Nun ist das Meer aber voller wunderbarer Geschöpfe, die Swimmy in seiner heimatlichen Meeresecke nie gesehen hatte. Als der große Ozean ihm Wunder um Wunder vorführte, wurde er bald wieder so munter wie ein Fisch im Wasser. (Und ein Fisch im Wasser war er ja, wenn auch nur ein kleiner.)

Zuerst sah Swimmy die Meduse, die Qualle. Er fand sie wunderbar. Sie sah aus, als wäre sie aus Glas, und sie schillerte in allen Farben des Regenbogens.

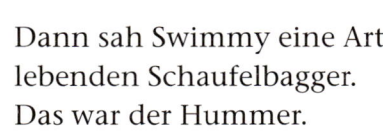

Dann sah Swimmy eine Art lebenden Schaufelbagger. Das war der Hummer.

◆ Miteinander leben ◆

Gleich darauf schwammen sehr seltsame Fische an ihm vorbei, leise und gleichmäßig, als ob sie von unsichtbaren Fäden gezogen würden. Dem kleinen munteren Swimmy waren sie ein bißchen unheimlich.

Bald aber war Swimmy wieder heiter. Er durchschwamm einen prächtigen Märchenwald. Einen Wald aus Meeresalgen, die auf bonbonbunten Felsen wuchsen.

Swimmy kam aus dem Staunen nicht heraus.
Ein Wunder schloß sich ans andere an.

Dann jedoch glaubte Swimmy seinen Augen nicht zu trauen: er sah einen Schwarm kleiner roter Fische. Hätte er nicht gewußt, daß sein eigener Schwarm verschlungen und verschwunden war: Er hätte die Fische für seine Schwestern und Brüder gehalten. „Kommt mit ins große Meer!" rief er ihnen munter zu. „Ich will euch viele Wunder zeigen!" „Geht nicht", antworteten die kleinen roten Fische ängstlich. „Dort würden uns die großen Fische fressen!
Wir müssen uns im sicheren Felsenschatten halten."

◆ Miteinander leben ◆

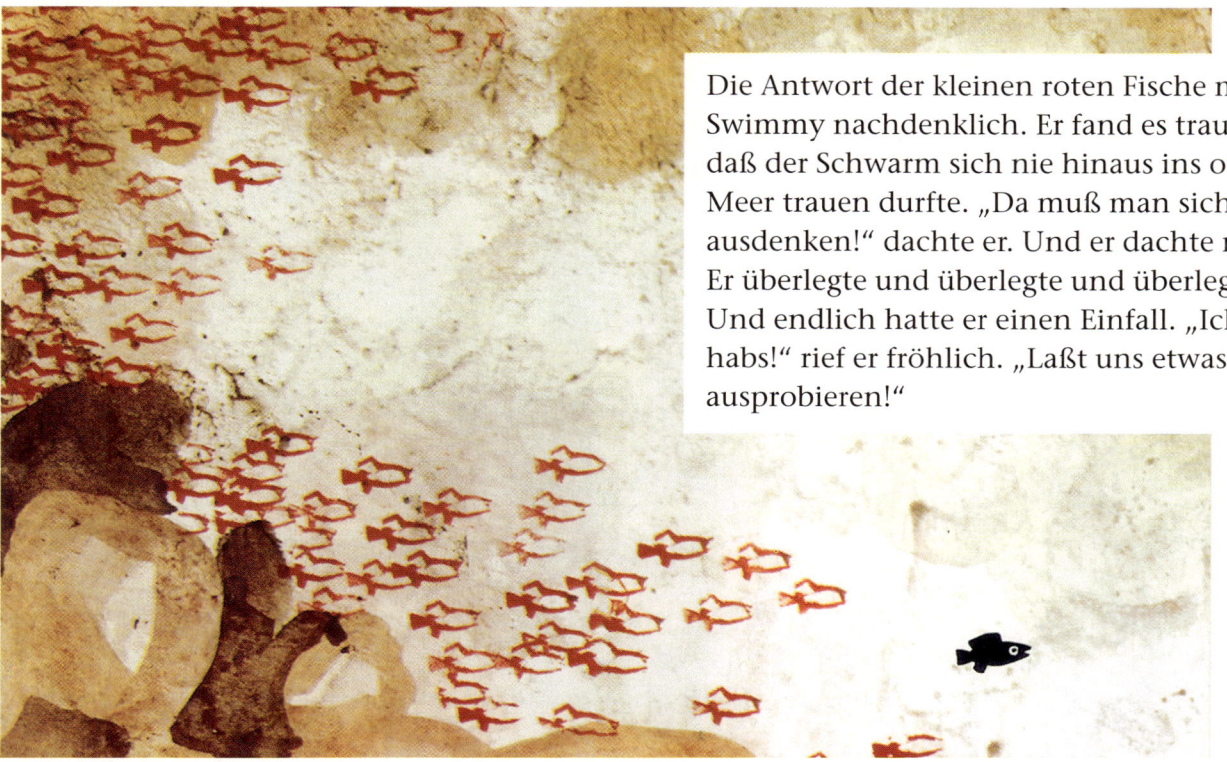

Die Antwort der kleinen roten Fische machte Swimmy nachdenklich. Er fand es traurig, daß der Schwarm sich nie hinaus ins offene Meer trauen durfte. „Da muß man sich etwas ausdenken!" dachte er. Und er dachte nach. Er überlegte und überlegte und überlegte. Und endlich hatte er einen Einfall. „Ich habs!" rief er fröhlich. „Laßt uns etwas ausprobieren!"

Da Swimmy den kleinen roten Fischen gefiel, befolgten sie seine Anweisungen. Sie bildeten einen Schwarm in einer ganz bestimmten Form. Jedes Fischchen bekam darin seinen Platz zugewiesen. Als der Schwarm diese bestimmte Form angenommen hatte, da war aus vielen kleinen roten Fischen ein großer Fisch geworden, ein Fisch aus Fischen, ein Riesenfisch.
Es fehlte dem Fisch nur das Auge. Also sagte Swimmy: „Ich spiele das Auge!" Dann schwamm er als kleines schwarzes Auge im Schwarm mit. Jetzt traute der Schwarm sich endlich hinaus ins offene Meer, hinaus in die große Welt der Wunder.

Niemand wagte mehr, sie zu belästigen.
Im Gegenteil: Selbst die größten Fische nahmen vor dem Schwarm Reißaus.
Und so schwimmen viele kleine rote Fische, getarnt als Riesenfisch, immer noch glücklich durch das Meer, und Swimmy fühlt sich in seiner Rolle als wachsames Auge sehr, sehr wohl.

Leo Lionni

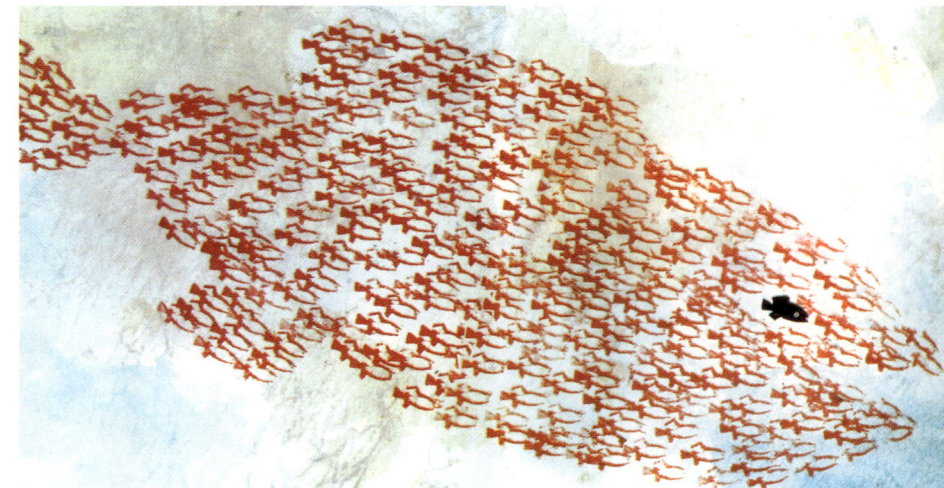

■ Besprecht gemeinsam:
Wodurch macht Swimmy die kleinen roten Fische glücklich?
Und umgekehrt? Machen die kleinen roten Fische den schwarzen Swimmy glücklich? Wodurch?

◆ Miteinander leben ◆

Gemeinsam ist besser als einsam

1 Kennst du Kinder und Familien, die aus einem fremden Land kommen, anders aussehen? Schreibe auf, aus welchem Land sie kommen.

_____

_____

2 Was könntest du tun, damit Fremde bei uns nicht mehr fremd sind?

_____

_____

◆ Miteinander leben ◆

Mannis Sandalen

Manni ist groß, er ist schon fast so groß wie die Jungen, die auf Mopeds fahren dürfen. Er hat auch schon Barthaare am Kinn, man sieht es, wenn die Sonne auf sein Gesicht scheint. Aber er spricht noch wie ein kleines Kind.

Die Leute sagen: „Manni ist nicht richtig im Kopf." Die Kinder sagen: „Der ist blöd."

Manni hatte neue Sandalen bekommen, sie waren aus hellem Leder. Manni mußte immer auf seine Füße sehen, so schön fand er die neuen Sandalen.
Er stelllte sich vor die Haustür. Die Sandalen glänzten in der Sonne. Manni bewegte die Zehen, und das neue Leder knirschte. Er bückte sich und strich mit dem Zeigefinger darüber. Es fühlte sich so glatt an.

Die Kinder kamen aus der Schule. Sie sahen Manni dastehen, und ein Junge sagte: „Na, du Doofer?"
Und ein anderer sagte: „Paß auf, Manni, die Sonne trocknet dir deine dicke Birne noch ganz aus!"
Sie lachten alle, und Manni lachte auch. Er hatte gar nicht verstanden, was sie zu ihm sagten. Er freute sich nur, weil sie da waren und weil sie mit ihm redeten.
Jetzt wollte auch er etwas sagen. Er machte den Mund auf, aber es kam nur Spucke heraus, die lief ihm über das Kinn mit den dünnen Barthaaren.
Ein Mädchen sagte: „Bäh, der sabbert wieder!"
Dann kam aber endlich doch ein Wort aus Mannis Mund, mit der dicken Zunge stieß er es heraus:
„-daln!" sagte er.
Aber die Kinder waren schon weitergegangen. Manni lief ihnen nach.

1 Sprecht darüber:
Könnt ihr verstehen, warum die Kinder Manni auslachen?

◆ **Miteinander leben** ◆

Er hielt einen von den kleineren Jungen fest und rief: „S- daln! Neu!"

Der Junge hatte Angst vor Mannis Gesicht, er wollte sich losreißen, aber Manni hielt seinen Arm fest. Der Junge sollte die Sandalen anfassen, er sollte das glatte neue Leder fühlen. Manni zerrte seinen Arm nach unten. Manni war stark.

Der Junge trat nach Mannis Bein, er schrie, und die anderen Kinder kamen zurück.

Sie stießen Manni weg, sie schimpften.

„Du mit deinen blöden Sandalen!" schrien sie.

„Laß den Kleinen in Ruhe!"

Sie drängten Manni an die Mauer, und dann trat einer von ihnen auf Mannis rechten Fuß, und dann trat er ihm auf den linken Fuß, und er lachte dabei.

Dann taten sie das alle, sie traten auf Mannis Füße. Nur ein Mädchen nicht, das stand dabei und sah zu, wie sie auf Mannis Füße trampelten, bis die neuen Sandalen blind und verkratzt waren und staubig vom Straßendreck.

Manni hielt still. Er wehrte sich nicht, er sagte nichts.

Dann kam eine Frau. Sie schimpfte mit den Kindern. Manni sah, wie ihr Gesicht rot wurde, er merkte, daß sie zornig war.

Die Kinder liefen weg, und Manni lief auch weg.

Er hatte Angst vor der Frau.

Er lief ins Haus zur Mutter.

Sie sagte: „Manni, was hast du gemacht? Die schönen Sandalen!"

Er konnte ihr nicht erzählen, was die Kinder getan hatten. Er zitterte und schnaufte und bekam keine Luft. Das war immer so, wenn er aufgeregt war.

Die Mutter putzte die Sandalen, und Manni sah ihr dabei zu. Er freute sich, er lachte schon wieder. Aber die Sandalen wurden nicht wieder neu, sie hatten zuviele Kratzer. Als Manni das merkte, wollte er sie nicht wieder anziehen. Aber die Mutter wollte es, und Manni zog sie wieder an.

Nachmittags ging er wieder auf die Straße. Die Kinder fuhren auf ihren Fahrrädern. Manni stand am Bordstein, und sie kurvten dicht an ihm vorbei. Er lachte, er freute sich, daß er ihnen zusehen durfte.

Sie sagten: „Na, du? Bist du auch da?"

Und sie taten, als wäre nichts gewesen.

Ursula Wölfel

2 Was mag das Mädchen denken? Schreibe es in die Gedankenblase.

3 Spielt das Gespräch:
Einige Tage danach reden der Junge, die Frau, die Mutter, die Kinder miteinander über Manni.
Was sollten sie verabreden?

◆ Streiten – sich vertragen ◆

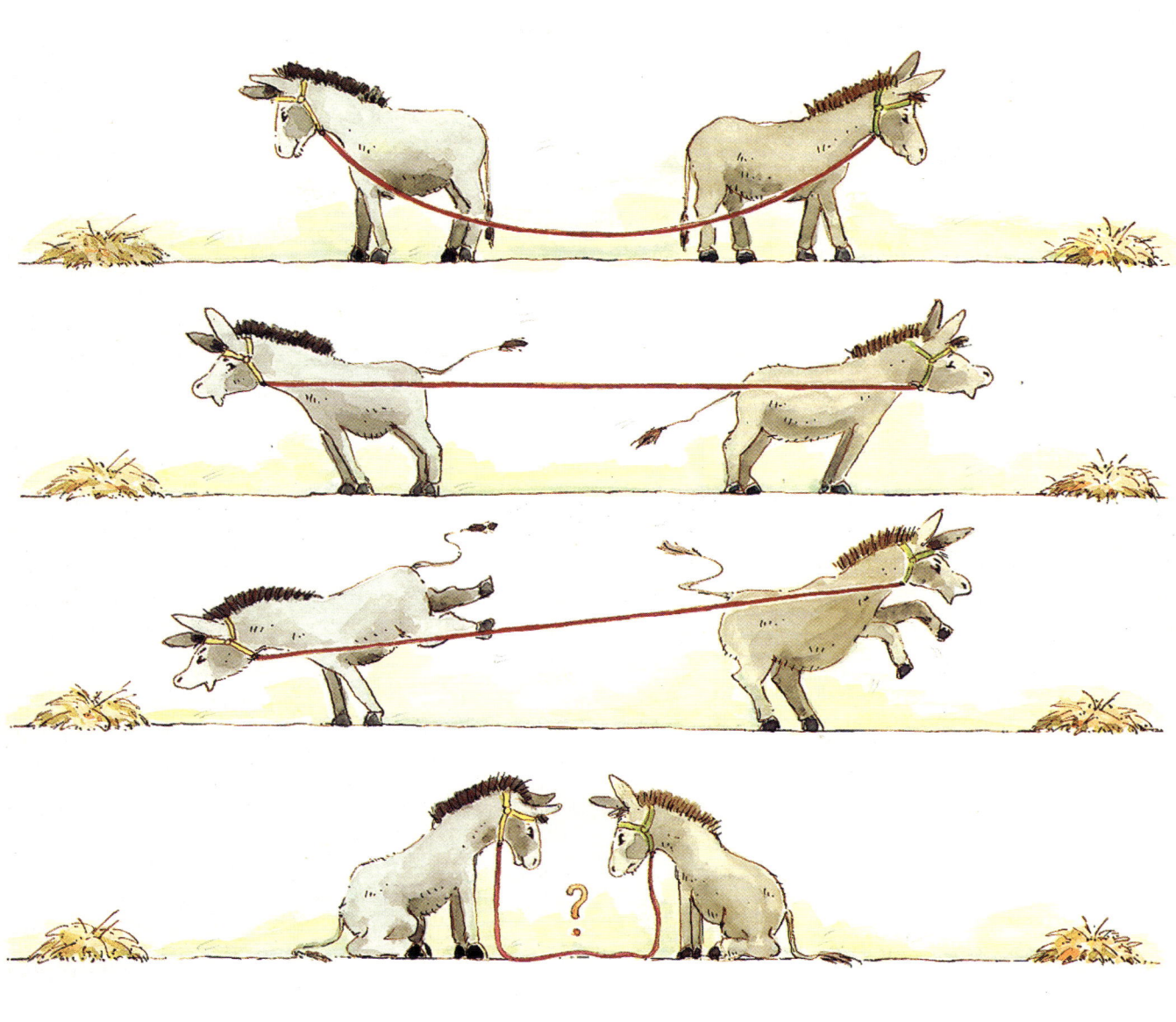

1. Zeichne oder schreibe in die beiden leeren Felder: Wie können sich die beiden einigen?
2. Denk dir eine Überschrift aus und schreibe sie oben auf die leere Zeile.

◆ Streiten – sich vertragen ◆

Ilo und Otto

◆ Streiten – sich vertragen ◆

Ilo bringt Glück

Die ausgetrocknete Schlammkuhle, das dichte Gestrüpp, der weite Wald konnten das wilde Schwein kaum noch erfreuen. Auch die Wurzeln und Baumrinden waren nicht so saftig und frisch wie früher. Otto, so hieß das Tier, wollte mehr.

Ilo, ein stacheliger Igel, liebte seinen Garten. Das Wildschwein hatte er eigentlich nie wahrgenommen. Doch das sollte anders werden. Angelockt von Ilos leuchtenden Rosenbüschen, den saftigen Brombeerhecken und dem kribbelnden Duft der Kastanien, wälzte sich Otto immer häufiger voll habgieriger Ungeduld am dicken hohen Holzgitterzaun, der des Igels Garten umgab.

Eines Tages war es dann soweit. Nichts konnte Otto zurückhalten. Mit seinen gewaltigen Zähnen schlug er in die Holzgitter. „Otto, hau kräftiger!" hörte er den Wind brüllen. „Reiß schneller!" zischte es aus einer Bachenge. Und die Morgensonne fiel mit ihrem hellen Schein auf den erhitzten Otto. Doch so wild das Schwein auch auf das Holzwerk einschlug, es lösten sich bloß einige Splitter. Am Abend war nur ein kleiner Durchbruch im Zaun zu sehen, gerade so groß, daß ein Igel hindurchkriechen konnte.

Der ungewohnte Krach hatte Ilo herbeieilen lassen. Versteckt in einer Dornenhecke hatte der Igel sorgenvoll das bedrohliche Treiben beobachtet. Zuerst dachte das kleine Stacheltier sehr traurig: „Wie soll ich weiterleben, wenn Otto meinen schönen Garten zerstört?"

Doch während das Schwein von seiner schweren Arbeit allmählich ermüdete, war in dem kleinen Igel ein Plan gewachsen.

Nach dem Sonnenuntergang schlich Ilo im Schutze der Dunkelheit, unbemerkt vom erschöpft schnarchenden Wildschwein, durch die kleine Öffnung im Holzzaun. Emsig scharrte das Stacheltier den Erdboden von Knollen und Wurzeln, legte die Blütenzweige im Gestrüpp frei, leitete frisches Bachwasser in die ausgetrocknete Schlammkuhle, ließ hohe bunte Wiesen wachsen und gab den Bäumen saftige Rinden. Nach getaner Arbeit betrachtete Ilo das Land und dachte: „Hier wird sich Otto wohlfühlen!" Freudig gespannt erwartete er nun den Morgen.

Als das Wildschwein von den ersten Sonnenstrahlen erwachte, hatte sich der Igel längst schon wieder in seiner Dornenhecke versteckt. Mit schlaftrunkenem Blick und knurrendem Magen wälzte sich das Schwein durch das Dickicht. Doch plötzlich leuchteten seine Augen. „Welch ein Glück!" grunzte es beim Anblick frischer saftiger Knollen. Schmatzend fraß es die köstlichen Früchte. „Das ist ja toll!" schnorchelte das Wildtier, als es sich schlammbeschmiert behaglich in seinem Sumpfloch wälzte. „Hier will ich leben!" jubelte Otto.

Während er durch das erwärmte Gras stampfte, hatte er den Holzzaun weit hinter sich gelassen. Zufrieden und voller Freude saß der Igel in seiner Hecke.

Wolfgang Pschichholz

■ Kreuze an, welche Aussage am besten zur Geschichte paßt.
- ☐ Der Klügere gibt nach.
- ☐ Was Zorn nicht erreicht, schafft Milde oft leicht.
- ☐ Was du nicht willst, daß man dir tu', das füg auch keinem anderen zu.
- ☐ Anderen Menschen Freude zu bereiten, heißt auch, sich selbst Freude zu bereiten.
- ☐ Wer genug zum Leben hat, braucht anderen nichts wegzunehmen.

◆ Streiten – sich vertragen ◆

Du hast angefangen …

… und keiner hat aufgehört

1 Stell dir vor, was die Kinder sagen und denken, Schreibe es in die Sprech- und Gedankenblasen.

◆ Streiten – sich vertragen ◆

2 Zeichne oder schreibe auf, wie der Streit so gelöst werden könnte, daß alle Beteiligten zufrieden sein können.

Meinungen über Streit

- Beim Streiten gibt es immer Sieger und Verlierer.
- Beim Streiten gibt es nur Verlierer.
- Wenn man sich entschuldigt, ist alles vergessen.
- Das Wichtigste beim Streit ist, immer dabei fair zu bleiben.
- Daß Kinder mal Streit kriegen und sich verprügeln, ist völlig normal.
- Erwachsene dürfen sich bei Streit von Kindern eigentlich gar nicht einmischen.
- Streiten ohne Gewalt muß man richtig einüben.
- Streit ist völlig überflüssig.
- Der Streit ist beendet, wenn einer aufhört.
- Wenn einer streiten will, sollte man einfach weggehen.
- Streit muß sein! Fein! Muß Streit so sein? Nein!

3 Streiche alle Meinungen durch, die du nicht richtig findest.
4 Besprecht eure Meinungen in der Klasse.

◆ Streiten – sich vertragen ◆

Drachenschwanzjagen

Für dieses Spiel braucht ihr eine große Wiese ohne überraschende Löcher.
Ungefähr sieben bis zehn Jungen und Mädchen stellen sich hintereinander auf und legen ihre Arme um die Mitte des vorderen Kindes.

Das letzte Kind in der Reihe steckt sich hinten ein Tuch in den Hosengürtel.
Mit dem Startzeichen beginnt der Drache seinem Schwanz nachzujagen: Das erste Kind muß versuchen, das Tuch am Schwanzende zu erwischen.

Jeder ist wichtig!

Keiner verliert!

Alle gewinnen!

Viel Spaß!

Erste Geschichte vom Helfen:

Die Mutter öffnet ihrer Tochter die Tür.
Mutter: Na endlich! Wo bleibst du nur!
Bärbel: Ich hab noch meine Freundin Annette getroffen.
Mutter: Aber Kind, du weißt doch, daß ich warte! Nun gib schon die Tüte her.
Bärbel: Hier. Und das restliche Geld leg' ich auf den Schrank. (*Sie will schnell verschwinden, da blickt die Mutter auf.*)
Mutter: Moment mal. Das kann doch unmöglich das restliche Geld sein? Ein Fünfziger, zwei Zehner und drei Fünfer? Ich hatte dir doch zwanzig Mark mitgegeben! Was hat der Zucker gekostet?
Bärbel: Zwei Mark zehn.
Mutter: Also hättest du siebzehn Mark neunzig wiederbringen müssen. Hier liegen aber nur fünfundachtzig Pfennige. Hast du das Geld etwa verloren?
Bärbel: Nein, das nicht. (*stockend*) Ich, ich hab es ausgegeben.
Mutter: Ausgegeben? Aber wofür denn?
Bärbel: Ich weiß ja, es war nicht mein Geld, und es war überhaupt blöd von mir. Aber Annette hatte plötzlich Hunger und ich auch, und dann haben wir jeder eine Portion Pommes frites mit Wurst gegessen und dann, weil wir auch Durst hatten, noch Cola getrunken und Eis gegessen. Und zum Schluß habe ich noch für jede eine Tüte Erdnüsse gekauft, weil die Annette gesagt hat, die gibt's heute im Sonderangebot.
Mutter: Und du hast dir vorher gar nicht überlegt, daß du Geld ausgibst, das dir nicht gehört?
Bärbel: Als nur noch die fünfundachtzig Pfennige im Geldbeutel waren, da habe ich einen furchtbaren Schrecken gekriegt und gedacht, ob du wohl sehr schimpfst.
Mutter: Damit schaffen wir diese dumme Geschichte nicht aus der Welt. Du schuldest mir jetzt siebzehn Mark, ist dir das klar?
Bärbel: Ja.
Mutter: Du mußt mir das Geld von deinem Taschengeld wiedergeben.
Bärbel: Nein, Mutter. Bitte verlang das nicht von mir! Ich will dir dein Geld wiedergeben, aber nicht jetzt gleich und nicht siebzehn Mark auf einmal. Du weißt doch, daß ich mein Taschengeld jetzt dringend brauche!
Mutter: Ich weiß. Es tut mir auch sehr leid, daß du dich in diese Lage gebracht hast. Was machen wir denn nun?

■ Was meint ihr?

Bärbel: Ich könnte dir das Geld vielleicht in Raten zurückgeben. Später.
Mutter: Es ist nett, daß du das sagst. Aber ich weiß noch etwas Besseres: Ich schenke dir das Geld, das du vernascht hast. Du brauchst es mir gar nicht wiederzugeben. Und nun reden wir nicht mehr von der Geschichte, einverstanden?

Renate Ziegler

◆ Einander helfen ◆

Zweite Geschichte vom Helfen: _____

Zehn Minuten später trifft Bärbel ihren jüngeren Bruder Klaus, der gerade die Wohnung verlassen will.

Bärbel: He, Klaus, wo willst du denn so eilig hin?
Klaus: Kaugummi kaufen. Da gibt's jetzt welches mit tollen Fußballbildern drin.
Bärbel: Du hast wohl zuviel Geld? Übrigens: ich krieg' noch Geld von dir: Zwanzig Pfennig schuldest du mir noch! Am besten gibst du es mir gleich.
Klaus: Ich hab' aber jetzt kein Geld. Du kannst doch noch ein paar Tage warten.
Bärbel: Du hast kein Geld? Und was hast du da in der Hand?
Klaus: Das ist meins, die zwanzig Pfennig fürs Kaugummi.
Bärbel: Von wegen Kaugummi! Erst bezahlst du deine Schulden! Los, mach die Hand auf!
Klaus: Aua, du tust mir weh! Das sind meine Groschen!
Bärbel: Sofort gibst du mir mein Geld zurück!
Klaus: Ach Bärbel, nun sei doch nicht so, du sollst ja deine zwanzig Pfennig haben, aber heute noch nicht, ich brauche es doch für die Fußballbilder.
Bärbel: Nein, das kommt überhaupt nicht in Frage. Du gibst mir jetzt mein Geld sofort wieder, oder ich sag's der Mutter, daß du dir einfach Kaugummi kaufst mit Geld, das eigentlich mir gehört.

Renate Ziegler

1 Was sagt wohl die Mutter zu Bärbels Meinung, daß man Schulden immer zurückzahlen muß? Spielt ein Gespräch Bärbel – Mutter – Klaus.

2 Besprecht in der Klasse: Was hat dieser Spruch mit der Geschichte zu tun?

Was du nicht willst, daß man dir tu', das füg auch keinem andern zu.

3 Überlegt gemeinsam, ob ihr eine bessere Überschrift für die erste und zweite Geschichte findet. Ergänze dann oben die Zeile auf dieser Seite und auf Seite 39.

Ich helfe

☐ dem, der auch mir hilft.
☐ jedem, der mich um Hilfe bittet.
☐ aber nicht jedem.
☐ wenn es vorteilhaft für mich ist.

☐ jedem, wenn ich dazu in der Lage bin.
☐ wenn ich dazu verpflichtet bin.
☐ jedem, auch wenn er mich nicht um Hilfe bittet.
☐ jedem, der meine Hilfe braucht.

_____

_____

_____

4 Keuze an, welche Aussage für dich richtig ist.
5 Schreibe ein Erlebnis oder ein Beispiel vom Helfen auf, bei dem du dich so verhalten hast.
6 Besprecht die Beispiele in der Klasse. Diskutiert, wie ihr euch in dieser Situation verhalten hättet.

◆ Einander helfen ◆

In der Schule helfen

Mathestunde in der 3b

① Ich bin fertig.
Fein, Julia. Gut gerechnet. Willst du den anderen helfen?

② Diese Aufgabe kriege ich nie raus!
Ich versteh' nicht, wieso du das nicht kapierst. Das ist doch sooo leicht!

③ Was ist denn mit Mario los? Warum läßt er sich nicht helfen?
Laß mich bloß in Ruhe!

④

1. Sprecht darüber:
   Ist Mario undankbar, weil er sich nicht helfen läßt?
   Warum ist die Helferin Julia enttäuscht?
2. Zeichne das 4. Bild mit einem Schluß, der dir gefällt.

◆ Jung und Alt in der Familie ◆

Mein Tageslauf

Uhrzeit	Ein Tageslauf von Sandra	Mein Tageslauf am _____
6 – 7	aufstehen, waschen, anziehen	
7 – 8	Frühstück zur Schule gehen	
8 – 9 9 – 10 10 – 11	Schule	
11 – 12	nach Hause gehen	
12 – 13	Mittagessen beim Abtrocknen helfen	
13 – 14	mit dem Hund spielen Langeweile	
14 – 15	Flöte üben Hausaufgaben	
15 – 16 16 – 17	mit meiner Freundin spielen	
17 – 18	einkaufen gehen fernsehen	
18 – 20	Abendessen mit dem Hund rausgehen Gute-Nacht-Geschichte hören	
ab 20	schlafen	

1 Schreibe selber von einem bestimmten Tag auf, was du von morgens bis abends tust.

2 Kreise mit verschiedenen Farben ein.
   Rot: Tätigkeiten, bei denen du allein bestimmst, ob du sie tun oder nicht tun willst.
   Blau: Tätigkeiten, bei denen andere bestimmen.
   Grün: Tätigkeiten, bei denen du dich mit anderen (Eltern, Kindern, Trainer, Musiklehrerin …) abstimmen mußt.

3 Vergleicht eure Tagesläufe.
   Schreibt eine Liste mit Tätigkeiten, die bei vielen Kindern in der Klasse vorkommen.

◆ Jung und Alt in der Familie ◆

Streit ums Fernsehen

ARD
17.55 Die glückliche Familie

ZDF
17.50 Fußballländerspiel Deutschland-Italien

Nord 3
18.00 Die Sendung mit der Maus

MDR
18.15 Sesamstraße

Wir sehen das Fußballspiel.

Ich habe mich doch schon auf „Die glückliche Familie" gefreut.

Aber um 18 Uhr kommt die Sendung mit der Maus.

Und ich muß unbedingt die Sesamstraße sehen.

1. Spielt das Streitgespräch. Versucht dabei eine Lösung zu finden, mit der jeder in der Familie zufrieden sein kann.
2. Vergleicht die Lösungen der einzelnen Gruppen und findet die beste heraus.

Laut

Es kommt auch manchmal vor,
daß Vater und Mutter verschiedener Meinung sind.
Dann diskutieren sie darüber.
Ziemlich laut oft …
Großmutter denkt dann, die beiden zanken sich.
Doch das tun sie nicht.
„Wir wollen miteinander leben und arbeiten",
sagt Mutter dann, „das heißt doch nicht,
daß wir immer dieselbe Meinung haben."

Ingrid Bachér

◆ Jung und Alt in der Familie ◆

Alte Menschen unter uns

Alte Menschen sind mal fröhlich, mal traurig, mal ärgerlich, mal zufrieden oder unzufrieden – wie jüngere Menschen auch.

■ Stell dir vor, was die alten Menschen hier denken könnten.
Schreibe es in die Gedankenblasen.

Mein Opa ist tot

Der Opa liegt im Bett – es ist eigentlich wie immer. Er schläft. Nein, er schläft nicht. Die Gerlinde hat doch gesagt, daß der Opa tot ist. Oder schläft er doch? Es sieht so aus. Und es sieht aus, als würde er im Schlaf ein kleines bißchen lächeln. Seine Arme liegen auf der Bettdecke.

Die Mama zuckt zusammen, als sie mich sieht. Der Papa legt ihr sacht den Zeigefinger auf die Lippen.
„Jetzt hat der Opa keine Schmerzen mehr, Michi", sagt der Papa.
„Ja", antworte ich. „Ja."
Stimmt. Daran hab' ich noch gar nicht gedacht. Vielleicht ist es für den Opa viel schöner, tot zu sein, als immer Schmerzen zu haben. Bestimmt sogar. Mir wird plötzlich ganz leicht ums Herz.

„Dann geht es dem Opa ja gut!" sage ich laut und ein bißchen erstaunt.
Die Mama schluchzt. „Ja, hoffentlich, jetzt wo er heimgegangen ist."

„Das mag der Opa nicht, wenn man so was Dummes sagt!" rufe ich. „Das hat er mir auf dem Friedhof erklärt. Der Opa ist gestorben! Einfach gestorben!"
Die Mama hat mir nicht zugehört. Ich warte, daß sie irgendwas sagt, aber sie weint nur leise vor sich hin.
Ich muß den Opa immerfort anschauen. Einfach gestorben. So schnell geht das. Gestern hat er noch geatmet. Heute bewegt er sich nicht mehr. Mein Opa ist tot.

Nach dem Essen drückt mir der Papa einen Brief in die Hand.
„Der ist für dich", sagt er. „Willst du ihn nicht aufmachen?"
Der Papa ist neugierig. Er möchte zu gern wissen, was drinnen steht, das merke ich.
Der Brief ist vom Opa. Ich kenne die Schrift genau. So eine schöne, ausgeschriebene Handschrift, wie ich sie bestimmt nie haben werde.

Lieber Michi,

ich hoffe, Du hast nicht viel geweint und bist nicht traurig. Dazu besteht nämlich gar kein Grund, merk Dir das!

Ich weiß, daß Du mir sehr ähnlich bist. Deshalb möchte ich, daß kein anderer als Du meine Schätze bekommst. Du weißt schon, welche. Die Ferngläser und die Tintenfässer, die Mikroskope und die Brillenschachtel.

Die Wunderkiste sollst Du auch haben, aber die hebst Du am besten für Deine Kinder auf, und füllst sie von Zeit zu Zeit mit neuen Wundern.

◆ Jung und Alt in der Familie ◆

Die Bücher sind auch für Dich, die sollen Deine Eltern aufheben. Wenn Du älter bist, kannst Du ja entscheiden, was Du behalten möchtest und was nicht.

Vergiß die Michi-Nidetzky-Geschichten nicht. Ich hätte Dir gerne noch mehr erzählt.

Ich wünsche Dir was: daß Du im Leben genauso glücklich wirst, wie ich es gewesen bin.

Es küßt Dich

Dein Opa

Ich bin fröhlich. Einen so schönen Brief hab' ich noch nie bekommen.
Die Mama hat Tränen in den Augen. Das gefällt mir gar nicht.
„Hör auf zu weinen, Mama", sag' ich streng. „Dazu besteht nämlich gar kein Grund, merk dir das!"
Und die Mama versucht zu lächeln.
Ich geh' in Opas Zimmer, setze mich auf sein Bett und baumle mit den Beinen.
Ich stoße gegen etwas Hartes. Es ist die Schüssel mit den Soleiern. Wo die wohl im nächsten Jahr stehen wird … Ich hole mir die Brillenkiste aufs Bett und probiere eine Brille nach der anderen auf.
Und plötzlich ist die ganze Traurigkeit weg. Die Traurigkeit darüber, daß der Opa tot ist. Er ist nämlich nicht richtig tot – solange nicht, wie jemand an ihn denkt. Und ich nehme mir vor, den Opa nie, nie zu vergessen. Ich möchte genauso ein lieber Opa werden wie er.

Elfie Donnelly

1 Wie erlebt Michi den Tod seines Opas? Welche Stellen im Text sagen etwas darüber?

2 Michi sagt zu sich selbst: *Mein Opa ist nicht richtig tot – solange nicht, wie jemand an ihn denkt.* Was meint ihr dazu?

Feste feiern

Geburtstag *Pfingsten* *Himmelfahrt*

Ostern

Hochzeit

Was ist für euch bei einem Fest wichtig?
- ☐ Man lernt oft neue Menschen kennen.
- ☐ Wir brauchen besondere Tage, auf die wir uns freuen können.
- ☐ Feste sind Höhepunkte im Leben.
- ☐ Man bekommt schöne neue Sachen.
- ☐ Gutes Essen und Trinken.
- ☐ Feste fördern die Gemeinschaft von Menschen.
- ☐ Feste und Feiertage erinnern an die Ursprünge.

Weihnachten

_____

_____

1 Für viele Menschen sind bei einem Fest mehrere Dinge wichtig. Wie ist es bei dir?
Kreuze an. Du kannst auch selbst etwas aufschreiben.

Feiertag   **Ursprung**

Geburtstag erinnert an den Tag meiner Geburt

Weihnachten erinnert an _____

_____

_____

_____

_____

2 Welche anderen Feiertage kennst du? Schreibe die Tabelle weiter.
Frage deine Eltern, andere Kinder und Erwachsene nach den Ursprüngen der Feste.
Du kannst auch in einem Lexikon nachschlagen.

◆ Feste feiern ◆

Feste haben unterschiedliche Ursprünge

Es gibt **persönliche Feste** (z.B. Geburtstag),
politische Feste (z.B. Tag der deutschen Einheit) und
religiöse Feste (z.B. Weihnachten, Ostern, Pfingsten, Himmelfahrt).

Die Christen erinnern sich bei Festen an Jesus Christus, der vor ungefähr 2000 Jahren gelebt hat.
Zu vielen christlichen Festen haben sich Bräuche entwickelt, zum Beispiel zu Weihnachten.

Alle Jahre wieder

- wird der Weihnachtsbaum geschmückt.
- gehen Eltern und Kinder gemeinsam in die Kirche.
- küssen und umarmen sich die Familienmitglieder vor dem Weihnachtsbaum und wünschen sich *Fröhliche Weihnachten*.
- werden Weihnachtslieder gesungen, Gedichte aufgesagt, und die Weihnachtsgeschichte wird vorgelesen oder erzählt.
- werden Geschenke verteilt. Der Weihnachtsmann oder das Christkind dienen als Gabenbringer.
- wird Weihnachtsgebäck genascht.

- _____
- _____
- _____
- _____
- _____

1 Frage deine Eltern und Großeltern.
Sicherlich kennen sie noch mehr Weihnachtsbräuche.
Schreibe sie oben dazu.

2 Ihr könnt in eurer Klasse eine große Wandzeitung mit „Weihnachtsbräuchen" gestalten.

♦ Feste feiern ♦

Die Weihnachtsgeschichte des Lukas

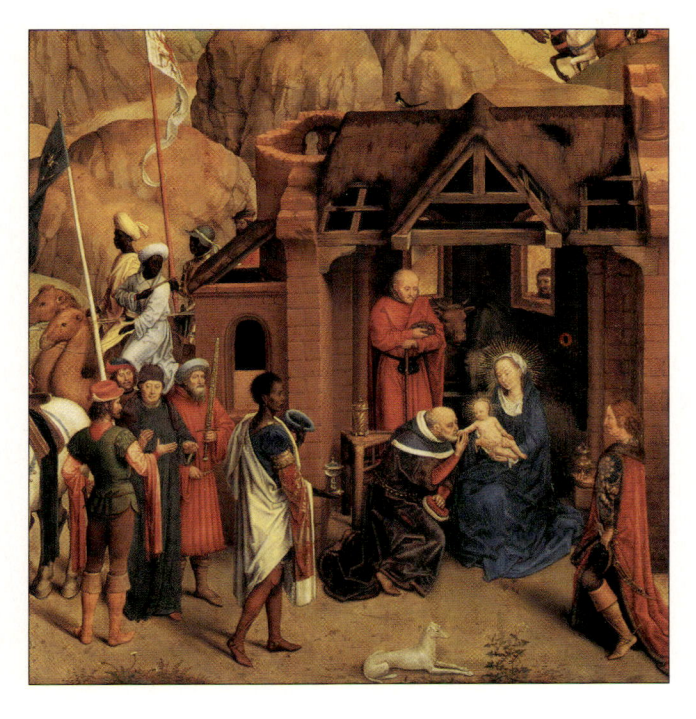

Zu jener Zeit ordnete Kaiser Augustus an, daß alle Bewohner des römischen Reiches in Steuerlisten erfaßt werden sollten. Es war das erste Mal, daß so etwas geschah. Damals war Quirinius Statthalter der Provinz Syrien. So zog jeder in die Heimat seiner Vorfahren, um sich dort eintragen zu lassen. Auch Josef machte sich auf den Weg. Von Nazaret in Galiläa ging er nach Betlehem, das in Judäa liegt. Das ist der Ort, aus dem König David stammte. Er mußte dorthin, weil er ein Nachkomme Davids war. Maria, seine Verlobte, ging mit ihm. Sie erwartete ein Kind. Während des Aufenthalts in Betlehem kam für sie die Zeit der Entbindung. Sie brachte einen Sohn zur Welt, ihren Erstgeborenen, wickelte ihn in Windeln und legte ihn in eine Futterkrippe. Eine andere Unterkunft hatten sie nicht gefunden.

In der Gegend dort hielten sich Hirten auf. Sie waren in der Nacht auf dem Feld und bewachten ihre Herde. Da kam ein Engel des Herrn zu ihnen, und die Herrlichkeit des Herrn umstrahlte sie. Sie fürchteten sich sehr; aber der Engel sagte: „Habt keine Angst! Ich bringe euch eine gute Nachricht, über die sich ganz Israel freuen wird. Heute wurde in der Stadt Davids euer Retter geboren – Christus, der Herr! Geht und seht selbst: Er liegt in Windeln gewickelt in einer Futterkrippe – daran könnt ihr ihn erkennen!"

Plötzlich stand neben dem Engel eine große Schar anderer Engel, die priesen Gott und riefen:

„Alle Ehre gehört Gott im Himmel! Sein Frieden kommt auf die Erde zu den Menschen, weil er sie liebt!"

Als die Engel in den Himmel zurückgekehrt waren, sagten die Hirten zueinander: „Kommt, wir gehen nach Betlehem und sehen uns an, was da geschehen ist und was Gott uns bekanntgemacht hat!" Sie brachen sofort auf, gingen hin und fanden Maria und Josef und das Kind in der Krippe. Als sie es sahen, berichteten sie, was ihnen der Engel von dem Kind gesagt hatte. Alle, die dabei waren, staunten über das, was ihnen die Hirten erzählten. Maria aber bewahrte all das in ihrem Herzen und dachte immer wieder darüber nach. Die Hirten gingen zu ihren Herden zurück, priesen Gott und dankten ihm für das, was sie gehört und gesehen hatten. Es war alles so gewesen, wie der Engel es ihnen gesagt hatte.

Lukas 2, 1 – 20

Bedenkt, daß Jesus auch als Christus, Herr, Retter, König bezeichnet wird.
Zur Geburt Jesu kamen Hirten. Sie galten damals als Betrüger und Gauner. Anständige Menschen wollten nichts mit ihnen zu tun haben.

1 Unterstreiche die Textstellen, die auf die Armut Jesu und seiner Eltern hinweisen.

2 Worüber sollten sich wohl die Menschen wundern, denen diese Geschichte erzählt wurde?

◆ Feste feiern ◆

Wie das Ei zum Osterei wurde

Katharina war eine Königstochter im Ägypterland. Sie lebte vor langer, langer Zeit in der Stadt Alexandria. Damals herrschte dort der Kaiser von Rom. Er war der mächtigste Mensch auf der ganzen Erde.

Eines Tages besuchte er seine Stadt Alexandria. Er ließ Katharina zu sich kommen. Sie sollte ihm von Jesus erzählen. Er hatte nämlich erfahren, daß sie Christin war.

Katharina kannte viele Jesusgeschichten. Der Kaiser hörte gespannt zu. Ihm gefiel das, was Jesus unter den Menschen getan hatte. Alle seine Ratgeber wunderten sich darüber. Der Kaiser hatte nämlich die Christen verfolgt. Viele waren auf seinen Befehl getötet worden.

Katharia erzählte vom Leben Jesu, von seinem Sterben, und schließlich auch, daß er von den Toten auferstanden ist.

„Von den Toten auferstanden?" fragte der Kaiser verblüfft. „Das will ich dir nur glauben, wenn du aus einem Stein neues Leben erwecken kannst."

Katharina ging betrübt davon. Aber dann kam ihr ein Gedanke. Sie kaufte von einem Bauern ein beinahe ausgebrütetes Entenei. Damit ging sie am nächsten Tag zum Kaiser.

Sie hielt ihm das Ei entgegen. Die junge Ente riß einen Spalt in die Schale. Der Kaiser schaute geduldig zu, wie das kleine Tier sich aus dem Ei befreite.

„Scheinbar tot und doch Leben", sagte Katharina.

Es heißt, daß der Kaiser sehr nachdenklich geworden ist.

So ist das Ei zum Osterei geworden, ein Zeichen für das, was kein Mensch begreifen kann: Christus ist auferstanden. Wahr und wahrhaftig, er ist auferstanden.

Willi Fährmann

Osterbräuche

Vor Ostern werden viele Eier rot gefärbt. Jeder schenkt am Ostermorgen einem anderen, der ihm begegnet, ein rotes Ei. Dabei küßt man sich und wünscht sich ein frohes Osterfest.

Wenn Ostern ist, ist die Zeit des Winters vorbei. Ostern ist immer nach dem ersten Vollmond nach Frühlingsanfang an einem Sonntag. Der Osterhase und das Osterei sind ganz wichtig für Ostern. Das Osterei ist in vielen Ländern ein Zeichen für neues Leben.

Eine Woche vor Ostern ist Palmsonntag. Da tragen die Kinder Palmbüsche. Die Palmbüsche werden aus Buchszweigen, Palmkätzchen und Immergrün gebunden. Der Palmbusch wird zur Kirche getragen und geweiht.

Vor Ostern wird viel aus Hefeteig gebacken: Lämmer, Zöpfe oder kleine Hefekerle mit einem Ei vor dem Bauch. Das Moos für die Osternester wird einen Tag vorher aus dem Wald geholt.

■ Welche anderen Osterbräuche kennt ihr?

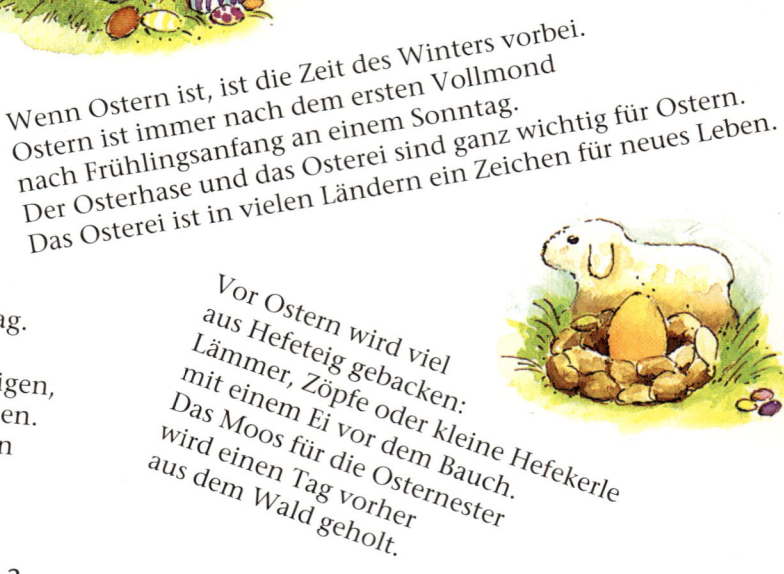

◆ Feste feiern ◆

Feste im Jahreslauf

Fest:
Datum:

Ostern   Fastnacht   St. Nikolaus   Advent   Heilige Drei Könige
St. Martin   Karfreitag   Weihnachten

1. Suche zu den Bildern die Namen der Feste. Schreibe sie in die Bildränder.
2. An welchem Tag werden die Feste in diesem Jahr gefeiert?
   Schau im Kalender nach. Schreibe das Datum zu jedem Fest dazu.
3. Finde heraus, bei welchen Festen sich das Datum in jedem Jahr ändert?

◆ Feste feiern ◆

Bayram – ein Fest zum Ende von Ramadan

Seit einem halben Jahr wohnt eine türkische Familie in unserem Haus. Sie sind Muslime. Sie glauben an Gott (auf arabisch: Allah) und leben nach den Lehren des Propheten Mohammed. Sie haben zwei Kinder. Der Junge heißt Halit, das Mädchen Meryem. Wir haben uns schon etwas mit ihnen angefreundet. Am Weihnachtsabend hatten wir sie zu uns eingeladen. Später wurden wir von ihnen zum Bayram zum Ende von Ramadan eingeladen. Bayram? Ramadan? Das klang komisch: Davon hatten wir nie gehört. Wahrscheinlich ist das für uns genauso komisch wie Weihnachten für die Muslime.

Halit erklärte es uns: „Wir Muslime fasten einmal im Jahr. Dann essen und trinken wir gar nichts. Einen Monat lang. Dieser Monat heißt Ramadan."

Wir konnten uns das gar nicht vorstellen. „Einen ganzen Monat lang? Muß man da nicht verhungern?" Halit lachte: „Ist nicht so schlimm. In der Nacht dürfen wir essen. Nur am Tag nicht!"

„Mußt du auch fasten, Halit?" wollte meine Schwester wissen. „Ich nicht", sagte er, „nicht die Kinder, auch nicht alte oder kranke Leute, und nicht Leute auf einer Reise!"

„Und wenn der Monat zu Ende ist?" fragte ich. „Dann ist Bayram", sagte Halit, „*Bayram* ist das türkische Wort für *Fest*. Wir feiern das Ende des Fastenmonats."

„Und wie feiert ihr?" Halit machte ein geheimnisvolles Gesicht: „Das verrate ich nicht!"

Dann war es soweit. Ich durfte mit Halit und seinem Vater zu einer Moschee. Dort sollte für die türkischen Mitbürger der große Gottesdienst gehalten werden. Viele Männer knieten in langen Reihen in der großen Halle. Alle hatten das Gesicht in eine Richtung gewendet – nach Mekka. Mekka in Arabien ist ihre heilige Stadt. Aus Mekka ist ihr Prophet Mohammed gekommen. Dort gibt es die Kaaba, einen heiligen schwarzen Stein.

Von den Gebeten und der Predigt habe ich nur verstanden, was ein Vorbeter sang: „Allah-u akbar" (das bedeutet: Gott ist groß). Dann knieten alle nieder und berührten mit der Stirn die Erde. Zum Schluß verneigten sich alle nach rechts, dann nach links und wünschten sich gegenseitig den Frieden und das Erbarmen Gottes.

Zu Hause waren schon viele Verwandte und Freunde versammelt. Mir fiel auf, daß alle neue, festliche Kleidung trugen. Sie umarmten sich, wünschten sich Glück und beschenkten sich mit kleinen Aufmerksamkeiten. Bald darauf setzten wir uns um den großen Tisch, und

Halits Mutter trug auf einer schönen Platte einen prächtigen Hammelbraten herein. Wir ließen ihn uns schmecken.

Dann erinnerte der Vater an die alte Sitte, an diesem Festtag armen Familien eine Freude zu machen. Halit erklärte es mir. Es wurden Päckchen gepackt und von einigen Männern zu türkischen Landsleuten gebracht.

Immer mehr Freunde und Bekannte kamen und gingen. Auch unsere Eltern wurden eingeladen. Es wurde gesungen, gelacht und getanzt.

Nach Udo Kelch

■ Vergleiche das Fest am Ende des Fastenmonats mit dem Weihnachtsfest.
 Unterstreiche Bräuche, die gleich oder ähnlich sind, so: ———
 Unterstreiche Bräuche, die verschieden sind, so: ———

◆ Umwelt nutzen – Umwelt schützen ◆

Die Natur braucht uns nicht, aber wir brauchen die Natur

A
Der Frosch
trinkt den Teich
nicht aus,
in dem er lebt.
Indianischer Ausspruch

B
Wir gehen mit dieser Welt um,
als hätten wir eine zweite
im Kofferraum.
Jane Fonda, Schauspielerin

C
Ich eß lieber Salat, wo 'ne Schnecke
dran gefressen hat als einen Salat,
den nicht mal eine Schnecke mehr frißt.
Biologischer Gärtner

Sterbende Fische

Verschmutzte Luft

Zerstörte Landschaft

Sterbender Wald

■ Welche Aussprüche passen zu den Bildern?
Ordne die Buchstaben A, B, C den Bildern zu.

53

◆ Umwelt nutzen – Umwelt schützen ◆

Natur sehen und empfinden

Du bist auf einer großen, weiten Wiese –
du läufst durch diese Wiese –
du spürst unter deinen Füßen das Gras –
es ist biegsam, weich, sommerwarm –
du hast Lust, dich ins Gras zu legen –

du spürst das Gras unter dir, wie eine weiche Decke –
du siehst die Gräser, viele Arten –
siehst Blumen dort –
kleine Käfer krabbeln gemächlich –
du riechst das Gras, die Erde –
ein Schmetterling schaukelt an dir vorbei –
du siehst, wie schön seine Färbung ist –
die Zeichnung seiner Flügel,
ganz aus Samt scheinen sie zu sein –

du hörst die Bienen summen und schwirren –
du schaust zum Himmel –
du siehst dort oben viel –

Ruhe durchströmt dich –
du bist ganz ruhig und entspannt –

Else Müller

◆ Umwelt nutzen – Umwelt schützen ◆

Der Wind

Kind 1 In allem Frieden
schlief abgeschieden
hinter einer Hecke
der Wind.

Kind 2 Da hat ihn die Spitzmaus
– wie Spitzmäuse sind –
ins Ohr gezwickt.

Kind 3 Der Wind erschrickt,

Kinder 3 und 4 springt auf die Hecke,
fuchsteufelswild,
brüllt,
packt einen Raben
beim Kragen,
rast querfeldein
ins Dorf hinein,

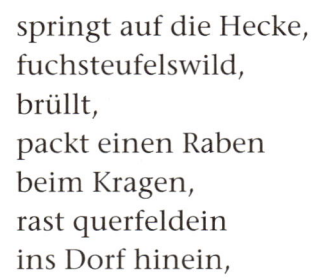

Kinder 3, 4 und 5 schüttelt einen Birnbaum beim Schopf,
reißt den Leuten den Hut vom Kopf,
schlägt die Wetterfahne herum,
wirft eine Holzhütte um,
wirbelt den Staub in die Höhe:

Alle wehe,
der Wind ist los!

Josef Guggenmos

■ Das Gedicht vom Wind könnt ihr auf vielerlei Arten vortragen und spielen:
- Teilt das Gedicht in verschiedene Sprechrollen auf: für einzelne Kinder, mehrere Kinder, alle Kinder.
Übt das Vortragen: Wo soll zum Beispiel ruhig und leise, wo laut und fuchsteufelswild gesprochen werden?
- Überlegt dazu Windgeräusche, die ihr mit eurer Stimme nachahmen könnt: pfeifen, blasen, brausen, heulen …
Ihr könnt auch passende Geräusche mit Papier, Papprollen … oder mit Musikinstrumenten (Triangel, Trommel …) ausprobieren.
- Wenn einige von euch dazu auch spielen wollen:
Welche Figuren wollt ihr darstellen? Wie bewegen sie sich?

◆ Umwelt nutzen – Umwelt schützen ◆

Wasser ist schön

💧 Ich bade so gern im Meer. 💧 Wasserfälle sind großartig. 💧 In Pfützen zu matschen, ist toll.
💧 Ich kann mich im Wasser spiegeln. _____

_____

1 Schreibe in die Zeilen oben, was dir am Wasser gefällt.
2 Male ein Wasser-Bild.

Rätsel

Mal ist es heiß, mal ist es kalt,
mal ist es frisch, mal ist es alt.
Es fällt von der höchsten Wand
und steigt auch hoch bis übern Rand.
Mal ist es schwer, mal ist es leicht,
mal ist es hart, mal ist es weich.
Es trägt die schwersten Dinge fort
und dringt noch ein in jeden Ort.
Mal ist es grün, mal ist es blau,
oft ist es klar und manchmal grau.
In seiner Tiefe hausen Wunderwesen,
und kranke Menschen wollen dran genesen.
Mal ist es still, mal ist es laut,
mal ist es unsichtbar,
mal wird ein Haus darauf gebaut.
Es ändert ständig seine Form –
ist das nicht enorm.

Gerold Scholz

3 Jedes der Bilder paßt zu einer oder zwei Zeilen im Rätsel.
Verbinde die Bilder mit den passenden Zeilen.

◆ Umwelt nutzen – Umwelt schützen ◆

Wasser bedeutet Leben

Für Nbotu, ein Mädchen aus Benin in Afrika, ist Wasser etwas ganz Kostbares. Seit es in ihrem Dorf einen Brunnen mit einer Handpumpe gibt, hat sich ihr Leben sehr verändert.

Nbotu erzählt: „Vor einem Jahr hätte ich keine Zeit gehabt, hier zu sitzen und zu erzählen. Jeden Tag mußte ich fünf Kilometer zu unserer Wasserstelle laufen: manchmal mehrere Male am Tag. Mit einem Tonkrug voll Wasser auf dem Kopf ist das sehr anstrengend. Auf dem Heimweg war ich oft ganz schlapp, weil ich morgens nur eine Handvoll Hirsebrei gegessen hatte. Deshalb mußte ich besonders aufpassen, daß kein bißchen von dem kostbaren Wasser verlorenging. Hauptsächlich war es Wasser zum Trinken und zum Kochen. Doch wie sah es aus? Es war eine bräunliche Brühe, die manchmal faulig roch, so daß oft jemand krank wurde. Aber das fällt mir jetzt erst auf.

Seit der neue Brunnen in unserem Dorf gebohrt wurde, haben wir endlich klares Wasser. Allerdings nur zehn Liter am Tag für jeden, weil nämlich nicht nur die Leute aus unserem Dorf ihr Wasser hier pumpen, sondern auch die aus dem Nachbarort.

Selbst meine kleine Schwester kann nun Wasser holen, und ich habe viel Zeit, weil ich nicht mehr zur Wasserstelle gehen muß. Dafür besuche ich jetzt die Schule. Ein bißchen lesen kann ich schon, und zum Spielen bleibt mir trotzdem noch Zeit.

Auch zu Hause hat sich vieles geändert. Es gibt nicht mehr jeden Tag Hirse zu essen. Ganz frisches Gemüse können wir jetzt anbauen und essen. Ein Teil des Wassers wird nämlich für einen Gemüsegarten abgezweigt, in dem wir Tomaten und Gurken anbauen.

Manchmal erntet unser Dorf schon so viel Gemüse, daß Überschüsse verkauft werden können. Und das Schönste ist, daß niemand mehr zu hungern braucht."

Wasser aus der Leitung

Soviel Trinkwasser wird täglich in der Bundesrepublik durchschnittlich pro Kopf verbraucht:

Baden/Duschen **20-45 l**

Toilettenspülung **20-45 l**

Wohnungsreinigung **3-10 l**

Wäsche waschen **20-40 l**

Körperpflege **10-15 l**

Geschirr spülen **4-6 l**

Trinken und Kochen **3-6 l**

1 In Nbotus Dorf:
Mit wieviel Liter Wasser muß jeder am Tag auskommen?
_____ Liter Wasser

2 Und bei uns? Rechne aus, wieviel Wasser bei uns pro Kopf täglich verbraucht wird. Zähle die ersten Zahlen zusammen. _____ Liter Wasser

◆ Umwelt nutzen – Umwelt schützen ◆

Vielleicht hast du schon von der Arche Noah gehört.
Die Arche war ein Floß. Darauf brachte der Mann Noah von jeder Tierart ein Pärchen, bevor eine gewaltige Flutwelle, die Sintflut, alles Leben vernichtete. Das soll in uralter Zeit geschehen sein.
Das Bild zeigt eine heutige Arche, auf die auch wieder Tiere flüchten, und zwar vor …?

1️⃣ Gib dem Bild eine Überschrift.
2️⃣ Was könnte die Ratte sagen? Schreibe es hier auf:

_____

_____

_____

◆ Umwelt nutzen – Umwelt schützen ◆

Hilfe für einen Hund

„Du mußt mir helfen", sagte Matthias.
„Wobei?" fragte der Vater. Er schaute vom Aquarium auf.
„Es ist wichtig", sagte Matthias. „Da ist ein Hund, in der Völkerstraße, ein junger Hund. Der ist dauernd an der Kette."
„Hm", sagte der Vater.
„Er leidet", sagte Matthias. „Hunde sind Lauftiere. Wir müssen was unternehmen", sagte er.
„Was sollen wir unternehmen?" fragte der Vater.
„Wir könnten ihn klauen", sagte Matthias.
„Es ist dir doch klar, daß das verboten ist", sagte der Vater. Er krümelte irgendwas ins Aquarium hinein.
„Warum ist es nicht verboten, daß ein Hund so unglücklich ist?" fragte Matthias.

„Hast schon recht", sagte der Vater. „Aber da kann man nichts machen."

Zuerst glaubte Matthias nicht, daß das alles war, was sein Vater sagte und tat. Sein Vater war gegen jede Ungerechtigkeit. Er konnte es nicht glauben. Aber sein Vater strich ihm übers Haar und ließ ihn stehen. Matthias schluckte. Dann zog er seine Jacke an und ging in die Völkerstraße. Der Hund kannte ihn schon. Er riß wie verrückt an der Kette und schrie wieder in diesem jämmerlichen, hellen Tonfall. Er war jung. Er wollte laufen und spielen.
„Scheiße!" sagte Matthias. Plötzlich stand ein Mann da.
„Willst du was?" fragte er.

Gina Ruck-Pauquèt

1. Welchen Vorschlag könnte Matthias dem Hundebesitzer machen? Schreibe es in die Sprechblase.
2. Berate dich mit einem anderen Kind. Findet eine Lösung: Der Hund und Matthias sollen zufrieden sein. Aber auch der Vater und der Hundebesitzer sollen einverstanden sein.
3. Ihr könnt die gefundene Lösung erzählen oder vorspielen. Laßt euch dann den Schluß vorlesen.

◆ Umwelt nutzen – Umwelt schützen ◆

Gegen den Vogeltod an Fensterscheiben

In großen Glasscheiben spiegelt sich die Landschaft. Das können Vögel nicht erkennen. Sie prallen gegen das Glas und werden verletzt oder sogar getötet.

Ihr selbst könnt helfen, die Vögel zu schützen. Flugbilder von Greifvögeln sind ein guter Schutz. Warum?

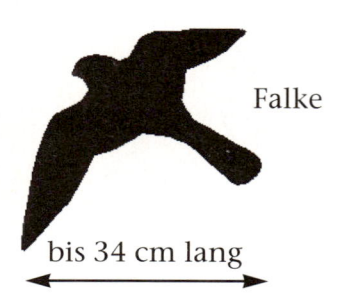

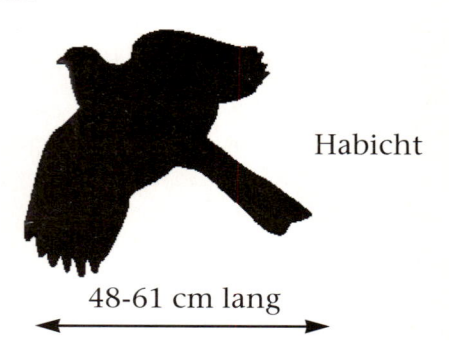

Falke
bis 34 cm lang

Habicht
48-61 cm lang

1 Ihr könnt Flugbilder für euer Klassenzimmer oder für große Glasscheiben in eurer Schule herstellen.
Ihr braucht: schwarzes Tonpapier und Scheren.
Zeichnet die Flugbilder in den natürlichen Größen der Vögel. (Warum ist das wichtig?)
Befestigt sie mit Klebefilm.

2 **Rätsel für Vogelkenner**
  1. Eine selbstgebaute Hilfe für Vögel, die keine Baumhöhlen mehr finden.
  2. Dieser bekannte Wappenvogel ist vom Aussterben bedroht.
  3. Ein langbeiniger Vogel, der bei uns kaum noch Lebensraum findet.
  4. Ein Vogel, der nur noch selten vorkommt. Sein Rufen in der Nacht jagt manchen Leuten Angst ein.
  5. Vögel, vor deren Flugbild sich kleine Vögel fürchten.

Wie heißt das Lösungswort? _____

♦ Umwelt nutzen – Umwelt schützen ♦

Tierschutz

Tageslauf eines Hundes

- „Los, jetzt friß schon dein Trockenfutter, da sind Vitamine drin!"
- „Komm, wir gehen raus. Hol deine Leine!"
- „Na, du kennst doch Frau Huber! Gib schön Pfötchen!"
- „Jetzt zieh doch nicht so an der Leine! Bei Fuß! Bleib hier!"
- „Immer mitten durch die Pfützen! Na zu Hause kommst du erstmal in die Wanne!"
- „Mach schön dein Geschäft, komm! Dann gibts heute auch noch ein schönes Knöchelchen!"
- „Los, Hasso, ab ins Körbchen!"

Wie fühlt sich der Hund?

_____

_____

Aus dem Tierschutzgesetz

§ 1 Grundsatz
Tiere sind ebenso Geschöpfe wie Menschen. Wir haben Verantwortung für sie. Wir müssen ihr Leben schützen. Wir müssen auch dafür sorgen, daß sie sich wohl fühlen. Niemand darf einem Tier ohne vernünftigen Grund Schmerzen, Leiden oder Schäden zufügen.

§ 2 Pflichten
Wer ein Tier hält oder es betreut, muß es so ernähren, wie es seiner Art und seinen Bedürfnissen entspricht. So muß er es auch pflegen. Und so muß er es auch unterbringen.

1 Was meinst du zu dem Tagesablauf eines Hundes? Schreibe einen Satz dazu.

2 Diskutiert in der Klasse über die Bilder 1 bis 6.
Welche Tierhaltung verstößt eurer Meinung nach gegen das Tierschutzgesetz?
Kennzeichnet die Bilder so: Unsicher, ob Verstoß: ?
Verstößt gegen das Gesetz: X
Kein Verstoß: ohne Zeichen
Ihr könnt auch beim Tierschutzverein nachfragen.

◆ Umwelt nutzen – Umwelt schützen ◆

Bäume leben

Ich schenke dir diesen Baum

Ich schenke dir diesen Baum.
Aber nur,
wenn du ihn wachsen läßt,
da wo er steht;
denn Bäume sind keine Ware,
die man einfach mitnehmen kann.
Sie keimen und wurzeln
in unserer alten Erde,
werden hoch wie ein Haus
und vielleicht sogar älter als du.
Ich schenke dir diesen Baum,
das Grün seiner Blätter,
den Wind in den Zweigen,
die Stimmen der Vögel dazu
und den Schatten,
den er im Sommer gibt.
Ich schenke dir diesen Baum,
nimm ihn wie einen Freund,
besuche ihn oft,
aber versuche nicht, ihn zu ändern.
So wirst du sehen,
daß du viel von ihm lernen kannst.
Eines Tages sogar
seine Weisheit und Ruhe.
Auch wir sind nämlich Bäume,
die in Bewegung geraten sind.

Harald Braem

Mein Baum

1 Unterstreiche in dem Gedicht die Stellen, die sagen, was der Beschenkte tun soll.

2 Male ein Bild von deinem Lieblingsbaum oder von einem Baum in deiner Nähe, der dir gefällt. Schau dir den Baum vorher genau an:
- Welche Form haben die Nadeln oder Blätter?
- Wie sieht die Rinde aus?
- Hat dein Baum Früchte?

Apfelbäumchen

Ein alter Mann pflanzte kleine Apfelbäumchen. Da lachten die Leute und sagten zu ihm: „Warum pflanzt du diese Bäume? Viele Jahre werden vergehen, bis sie Früchte tragen, und du selbst wirst von diesen Bäumen keine Äpfel mehr essen können."
Da antwortete der Alte: „Ich selbst werde keine ernten. Aber wenn nach vielen Jahren andere die Äpfel von diesen Bäumen essen, werden sie mir dankbar sein."

Leo Tolstoi

◆ Umwelt nutzen – Umwelt schützen ◆

Jana wird Baumpatin

Traurig sitzt Jana auf dem Baumstumpf „ihres" Lindenbaumes gleich vor dem Haus. Fein aufgeschichtet liegen die zurechtgesägten Stammstücke neben dem Asthaufen. Kaum ein Ast hat noch Blätter, obwohl es noch Sommer ist. Und wie sie sich um die Linde gekümmert hat! Bei heißem trockenem Wetter hat sie den Baum immer wieder mit Wasser versorgt – und doch war alles vergebens!

Wie alt ist ihr Lindenbaum geworden? Das interessiert Jana. Sie schaut sich die Jahresringe des Baumstumpfes an: breite Ringe für die Jahre mit guten Wachstumsbedingungen und schmale Ringe für die schlechten Jahre. Jana zählt 53 Ringe – ihr Baum wurde nur 53 Jahre alt. Und dabei können Linden bis zu 1000 Jahre alt werden!

Einige Wochen später wird dort, wo die Linde stand, ein kleiner Ahornbaum als Ersatz gepflanzt. Jana erhält die Erlaubnis, Baumpatin zu sein. Regelmäßig lockert sie die Erde rund um den Ahorn und gießt bei Trockenheit.

1 Möchtest du auch Baumpate werden? Erkundige dich, ob du einen besonderen Antrag stellen mußt.

2 Gegen welche Schädigungen von Bäumen brauchst du die Mithilfe anderer? In welchen Fällen kannst du selbst etwas tun? Trage dann „Ich" in das leere Feld ein.

So werden Bäume geschädigt

Sing ein Lied

1. Wenn ein neuer Tag beginnt voll Lebensmut und ganz beschwingt, dann sing ein Lied und sei vergnügt, sei doch kein Narr, sei nicht betrübt!

2. Wenn dir manchmal was mißlingt
und Spott dir in den Ohren klingt,
dann sing ein Lied und sei vergnügt,
sei doch kein Narr, sei nicht betrübt.

3. Wenn dich mal ein andrer reizt,
aus Zorn und Wut du bitter weinst,
dann sing ein Lied und sei vergnügt,
sei doch kein Narr, sei nicht betrübt.

4. Jeder singt, so gut er kann,
und brummt auch mal dein Nebenmann,
dann fang noch mal von vorne an,
zum Glückspilz wird, wer singen kann.

Musik und Text: Hans-Joachim Hepke